外国金融制度系列丛书

# 海合会国家金融制度

主　编　高　波

责任编辑：王慧荣
责任校对：孙　蕊
责任印制：丁淮宾

**图书在版编目（CIP）数据**

海合会国家金融制度（Haihehui Guojia Jinrong Zhidu）/高波主编．—北京：中国金融出版社，2017.8
（外国金融制度系列丛书）
ISBN 978-7-5049-9148-5

Ⅰ.①海…　Ⅱ.①高…　Ⅲ.①金融制度—研究—中东　Ⅳ.①F833.701

中国版本图书馆CIP数据核字（2017）第200755号

出版
发行　中国金融出版社
社址　北京市丰台区益泽路2号
市场开发部　(010)63266347，63805472，63439533（传真）
网上书店　http://www.chinafph.com
(010)63286832，63365686（传真）
读者服务部　(010)66070833，62568380
邮编　100071
经销　新华书店
印刷　保利达印务有限公司
尺寸　169毫米×239毫米
印张　11.25
字数　158千
版次　2017年8月第1版
印次　2017年8月第1次印刷
定价　45.00元
ISBN 978-7-5049-9148-5
如出现印装错误本社负责调换　联系电话（010）63263947

# 外国金融制度系列丛书
# 编委会



## 《美国金融制度》编写组



## 《日本金融制度》编写组

## 《欧盟金融制度》编写组

**组　长：** 何建雄　朱　隽

**副组长：** 郭新明　王　信

**组稿人：** 林　苒　刘　晔　王　倩　朱　锦

**执笔人：** 陈　佳　王正昌　蒋先明　樊石磊　任　哲　张朝阳
唐露萍　韩婉莹　薛宇博　吴　玓　肖　娜　舒　林
刘　蔚　程　璐　连太平

## 《英国金融制度》编写组

**组　长：** 吴国培

**副组长：** 杨少芬　赵晓斐

**执笔人：** 张　立　黄　宁　杨秀萍

## 《澳大利亚金融制度》编写组

**组　长：** 何建雄　冯润祥

**副组长：** 陆　屹

**执笔人：** 郑朝亮　刘　薇　李良松　陈　华

# 《海合会国家金融制度》编写组

组　长：高　波

副组长：李　宁　夏　勇

执笔人：吴　达　郭　莉　冶玉龙　孙秋实　刘　侃　倪全学
金泽芬　王进会　卢瑞亮　付　静　李　印　李冰倩
张亚茹　白　萍　贺妍秋　张　锋　于　磊　马春晖
吉　洁

# 出版说明

20 世纪 80 年代，我国实施改革开放的国策，如何借鉴国外先进理念和技术，更好更快地发展我国经济，是摆在各行各业面前急需解决的问题。在这种形势下，中国金融出版社及时组织出版了一套《资本主义国家金融制度丛书》，为研究和推动我国金融体制改革提供了可供借鉴的宝贵资料，受到了经济金融界的广泛赞誉。岁月变迁，当今各国金融制度也处于不断的变革中。中国金融出版社因时制宜，发挥专业优势，精心论证，积极策划，邀请具有深厚理论素养和从业经验的专业人士编写，现推出新的“外国金融制度系列丛书”。

本系列丛书包括《美国金融制度》、《日本金融制度》、《欧盟金融制度》、《英国金融制度》、《澳大利亚金融制度》、《海合会国家金融制度》等，从发展历史、中央银行与货币政策、金融市场、金融监管、危机应对等方面，力求从多角度、多侧面、立体地描述各国金融制度的基本构成、特征和发展趋势，尤其对 2008 年金融危机后各国金融制度的新变化进行了较为详细的论述。本系列丛书内容简明扼要、客观准确、权威可读，既适合国内外学界研究人员阅读和使用，也适合对经济金融问题感兴趣的一般读者，是较好的学习和研究资料。我们希望，该系列丛书的出版能够在向读者呈现各国金融制度全貌的基础上，对我国金融体系的发展和完善提供借鉴。

在本系列丛书的策划和撰写过程中，我们得到了中国人民银行国际司原司长何建雄、现司长朱隽的热心帮助和指导，得到了国际司研究处、国际清算银行处和海外代表处各位同仁的强力支持，在此一并表示感谢！

# 目录

Contents


**第一章　海合会国家金融体系概述** …………………………… 1

第一节　海合会国家概况 …………………………… 1

第二节　海合会国家金融体系发展历程 …………………………… 4

第三节　海合会国家金融体系特征 …………………………… 8

第四节　海合会国家金融体系概览 …………………………… 16

**第二章　海合会国家金融机构** …………………………… 22

第一节　海合会国家银行业金融机构 …………………………… 22

第二节　海合会国家证券市场 …………………………… 31

第三节　海合会国家保险业 …………………………… 39

第四节　海合会国家伊斯兰金融业 …………………………… 53

第五节　海合会国家主权财富基金 …………………………… 72

**第三章　海合会国家货币政策** …………………………… 83

第一节　海合会国家货币政策的实施主体 …………………………… 83

第二节　货币政策框架 …………………………… 90

第三节　货币政策实践 …………………………… 99

**第四章　海合会国家货币联盟** …………………………… 102

第一节　货币联盟的基础 …………………………… 102

第二节　货币联盟的法律和组织框架 …………………………… 106

第三节　海湾货币联盟的筹备工作 …………………………… 112

第四节　海湾货币联盟的监管框架 …………………………… 115
**第五章　海合会国家系统性金融风险** …………………………… 116
第一节　海合会国家系统性金融风险及其应对 ………………… 116
第二节　迪拜债务危机 ………………………………………… 118
第三节　全球石油价格暴跌与沙特阿拉伯经济转型 ………… 123
**第六章　海合会国家金融监管** ………………………………… 131
第一节　海合会国家金融监管概况 …………………………… 131
第二节　海合会国家伊斯兰金融监管 ………………………… 139
第三节　海合会国家金融中心监管 …………………………… 151
**第七章　海合会国家金融中心发展** …………………………… 161
第一节　海合会国家金融中心发展状况 ……………………… 161
第二节　海合会国家金融中心对比 …………………………… 165
第三节　海合会国家金融中心前景 …………………………… 168

# 第一章

# 海合会国家金融体系概述

## 第一节　海合会国家概况

海合会是中东地区重要的区域性组织之一，成立于1981年5月25日，有六个成员，分别是沙特阿拉伯、阿联酋、阿曼、巴林、卡塔尔和科威特，总部设在沙特阿拉伯首都利雅得。海合会成员总面积为267万平方千米，人口约为4,600万人。

### 一、海合会的起源

海合会六国是海湾地区的组成部分之一。在介绍海合会国家之前，有必要首先介绍其所处的海湾地区。海湾位于阿拉伯半岛和伊朗高原之间，西北起阿拉伯河河口，东南至霍尔木兹海峡，长约990千米，宽56～338千米，总面积为24.1万平方千米。通常所说的海湾国家除了海合会六国外，还包括伊拉克和伊朗。

海合会六国在经济、社会、人口等方面具有较强的相似性。海合会六国均为阿拉伯国家，阿拉伯人是各国最主要的民族构成；在宗教上，海合会六国都信仰伊斯兰教，并以伊斯兰教为国教；海合会六国拥有丰富的石油和天然气资源，依靠原油、天然气制成品的出口获得巨额石油美元收入。海合会六国深厚的历史渊源，相似的地缘政治、宗教文化、政治体制、资源条件和经济结构是它们走向联合的天然基础。

20世纪70年代末、80年代初，海湾地区地缘政治变化是海合会成立的直接原因。海湾地区区位优势十分突出，自古以来就是东西方海上贸易交往的重要通道，国际强权势力的必争之地。当时，在美苏“冷战”的大背景下，海湾地区发生了一系列重大历史事件，如伊朗巴列维政权倒台、伊斯兰革命取得胜利、苏联入侵阿富汗、埃及单独同以色列议和建交、阿盟大分裂、两伊战争爆发等。为应对地区霸权的威胁，以沙特阿拉伯为首的海湾六国决定组建一个集体防卫体系，以防战火在海湾地区蔓延。

## 二、海合会国家的经济状况

阿拉伯国家一般指以阿拉伯民族为主的国家。目前，全世界共有 22 个阿拉伯国家，人口约 2 亿人。阿拉伯国家分布于亚、非两大洲的接合部，其中非洲部分占 72%，亚洲部分占 28%，西起大西洋，东至阿拉伯海，北起地中海，南至非洲中部，面积约为 1,420 万平方千米。阿拉伯国家有宽广的海岸线，曾经孕育了古埃及文明、巴比伦文明等多个古代文明。

海合会六国是阿拉伯国家中的高收入国家。2016 年，海合会六国 GDP 总量为 1.51 万亿美元，占同期整个阿拉伯国家 GDP 总值的 53%，进出口贸易总额达到 1.25 万亿美元，出口贸易总额达到 0.72 万亿美元，六国贸易顺差共计 1,806 亿美元。2016 年，海合会六国人均 GDP 约为 2.85 万美元，远高于同期整个阿拉伯国家的平均人均 GDP（约为 5,700 美元）。

**表 1.1　海合会国家主要经济指标（2016 年）**

| 指标<br>国家 | 人口规模（百万人） | GDP 总量（亿美元） | 人均 GDP（美元） | 出口（亿美元） | 进口（亿美元） | 贸易顺差（亿美元） |
|---|---|---|---|---|---|---|
| 沙特阿拉伯 | 31.52 | 6,812 | 21,600 | 2,036 | 1,747 | 289 |
| 阿联酋 | 9.3 | 4,384 | 40,438 | 3,238 | 2,482 | 756 |
| 卡塔尔 | 2.24 | 1,669 | 74,666 | 778 | 326 | 452 |
| 科威特 | 4.24 | 1217 | 28,700 | 550 | 319 | 231 |
| 阿曼 | 4.38 | 702 | 16,271 | 347 | 290 | 57 |
| 巴林 | 1.38 | 349.7 | 25,395 | 201 | 180 | 21 |

资料来源：商务部，《对外投资合作国别（地区）指南》（沙特阿拉伯、阿联酋、卡塔尔、科威特、阿曼、巴林）（2016 年版）。

海合会六国劳动力匮乏，其他阿拉伯国家是海合会国家重要的劳动力输出国。海合会国家移民人口占总人口比重均位居世界前列。其中，卡塔尔排名全球第一位，阿联酋、科威特和巴林分别为全球第三位、第五位和第十位。高油价不仅使海合会国家的经济快速发展，同时也通过溢出效应使其他阿拉伯国家受益，具体包括移民、侨汇、发展援助等。

## 三、海合会基本情况

（一）宗旨

海合会的宗旨是利用各成员的资源和力量，实现成员之间最大限度的协调、联系、合作和一体化；加强与密切成员间的民间联系、交往和合作；在联合自强的基础上，以加强防务合作和区域经济合作为中心，推动六国的工业、农业、科技和国防发展，建立科研中心、举办联合项目，鼓励私营企业间的合作，不断促进经济全面发展，逐步实现一体化。

（二）组织机构

1. 最高理事会

最高理事会是海合会最高权力机构，由成员元首组成。最高理事会每年举行一次例行会议，主席由成员国家元首按国名字母顺序轮流担任，任期为一年。

2. 部长理事会

部长理事会是海合会的执行机构，由成员外交大臣（部长）或其他大臣组成。部长理事会每三个月举行一次例会。主席由各成员按国名字母顺序轮流担任，任期为一年。

3. 总秘书处

总秘书处为海合会常设机构，由秘书长和分别负责政治事务、财经事务及军事事务的三名助理秘书长主持工作，总部设在沙特阿拉伯首都利雅得。总秘书处秘书长由最高理事会任命，任期为三年。

4. 专门委员会

海合会设有经济社会发展委员会、商业金融合作委员会、工业合作委员会、石油合作委员会、文化合作委员会和防务合作委员会六个专门委员会。1992 年 5 月，海合会又成立了高级安全委员会，负责处理海湾地区的和平与安全问题，并致力于加强海合会成员的自我防卫能力。

## 第二节　海合会国家金融体系发展历程

### 一、海合会国家传统金融发展历程

（一）20 世纪 30 年代之前，海湾地区国家早期金融活动

海湾地区国家的金融活动最早出现在沙特阿拉伯，荷兰通用银行和其他国外贸易商为当地人和朝圣者提供货币兑换、存贷款等金融服务。1921 年，东方银行在巴林设置了分支机构，是海湾地区国家最早的银行机构之一。

（二）20 世纪 30 年代，石油的发现吸引外国银行进驻

20 世纪 30 年代，巴林、沙特阿拉伯等国先后发现石油。石油的发现吸引了一批外国银行进驻，海湾地区金融业自此进入萌芽期。这一时期，英国中东银行（British Bank of the Middle East，汇丰银行前身）、东岸银行（Eastern Bank，渣打银行前身）纷纷进驻海湾地区国家。其中，英国中东银行在科威特（1942 年）、巴林（1944 年）、迪拜（1946 年）、阿曼（1948 年）、沙特阿拉伯（1950 年）、卡塔尔（1954 年）、阿布扎比（1959 年）建立分支机构。海湾国家成为英国中东银行的主要存款来源地，廉价资金源源不断地由海湾国家流向英国伦敦。

（三）20 世纪 50 年代至 70 年代，货币当局和主权货币的产生以及银行国有化

20 世纪 50 年代至 70 年代，影响海湾地区国家金融业发展的主要因素是 20 世纪 50 年代至 60 年代海湾地区国家的民族解放运动和 70 年代的石油繁荣。

19 世纪上半叶以来，海湾国家陆续成为英国的保护国。沙特阿拉伯最早摆脱英国的殖民统治，1927 年沙特阿拉伯与英国签署了《吉达条约》，正式脱离了英国的统治。1971 年 3 月，英国宣布：英国同海湾诸酋长国的所有条约在同年年末终止，海湾其他国家从此拥有了主权。在此过程中，海湾各国纷纷成立货币委员会或准中央银行，并发行主权货币。1952 年，

沙特阿拉伯成立货币管理局，并于1960年开始发行沙特里亚尔；1959年，科威特成立中央银行，并于1961年开始发行科威特第纳尔；1972年，阿联酋成立货币委员会并发行阿联酋国家货币迪拉姆；1972年，阿曼成立马斯喀特货币管理局，发行国家货币阿曼里亚尔；1973年，卡塔尔成立卡塔尔货币机构，后来被称为卡塔尔中央银行，并引入主权货币卡塔尔里亚尔。

20世纪50年代至60年代，海湾地区国家在同欧洲宗主国争取主权的过程中，开始摆脱宗主国对其经济命脉的控制，并限制外资银行的发展，逐步发展本土银行。科威特在20世纪60年代开始限制外国银行的发展；沙特阿拉伯在20世纪70年代规定沙特阿拉伯本国居民在外国银行的股份不得低于60%，并禁止外国银行在本国增设分行。

20世纪70年代，沙特阿拉伯成立了五个主要的专门贷款机构：沙特阿拉伯信贷银行、沙特阿拉伯农业银行、公共投资基金、沙特阿拉伯工业发展基金和不动产基金。这些银行由政府出资设立，为特定部门提供资金，通常以低利率支持中长期发展项目。

1963年阿联酋成立了第一个国家银行，即迪拜国家银行，随后在1968年开设了阿布扎比国家银行，前者主要为贸易活动服务，而后者则为石油出口服务。1972年，阿联酋（由七个酋长国组成）成立后，本国银行的数量开始增加，到1977年已经增至20家。

（四）20世纪80年代至90年代，海合会国家银行业的危机与整顿

20世纪80年代，海湾地区国家经历了两个重大事件。一是两伊战争造成1979－1981年海湾地区的石油价格大幅上涨，二是1986年石油价格严重下跌。这一时期，海湾地区国家出现了重要的区域性组织。1981年5月，海湾六国（沙特阿拉伯、阿联酋、科威特、卡塔尔、阿曼、巴林）成立了海合会，旨在加强成员之间在政治、经济和防务等领域的协调与合作，推进海湾地区国家一体化。

20世纪80年代初期，在高油价的刺激下，海合会国家银行业资产负债表扩张，出现了信贷膨胀。这一时期，许多贷款没有经过充分的评估和监测。1986年当石油价格下跌时，经济活动急剧收缩，许多银行资产质量

下滑，经营出现困难。在沙特阿拉伯，政府收入从1981年的3,330亿里亚尔下降到了74亿里亚尔。银行体系中的不良贷款急剧增加，1986年银行体系不良贷款率达到20%。1986年银行业危机后，沙特阿拉伯加强了银行业监管。到1988年，大多数银行增加了不良贷款拨备，平均贷款准备金增加到总贷款的12%以上。

20世纪80年代初，阿联酋中央银行采取了各项措施来巩固银行体系，包括设定最低资本要求，加强审计和报告要求，加强检查，设立专门负责监督银行的贷款风险部门，并制定限制可以提供给董事会的贷款数额的法规等。1986年，油价跌至每桶10美元以下，导致阿联酋石油收入急剧下降。政府支出的收缩减缓了经济活动，银行部门贷款损失严重，导致银行业重组。1990年，伊拉克入侵科威特引发了又一次风险事件，当时有15%～30%的客户将银行存款转出阿联酋。此时，阿联酋中央银行向两家银行注入资金，以加强其流动性，恢复对整个银行体系的信心。

20世纪90年代，阿联酋中央银行引入了旨在提高银行部门稳健性的法规。1993年，银行的资本充足率为10%。此外，银行需要通过将年度净利润的10%转入储备账户来积累储备金，直到后者等于其实缴资本的50%。1994年，阿联酋中央银行开始督促国内银行采用国际会计准则。

（五）21世纪以来，海合会国家银行业快速发展

2000年以来，国际石油价格高企，海合会国家迎来了经济高速增长时期。2003－2008年，海合会国家GDP年平均增长率达到6.6%，比1997－2002年上涨了3%。国际石油价格高企为海合会国家带来了巨额的石油美元，2008年，海合会国家财政余额和经常账户余额占GDP的比例分别达到26.5%和24.7%。

伴随着财政平衡和经常账户平衡的极大改善，以及民间财富的积聚，2008年，海合会国家商业银行资产规模达到了9,911亿美元，占GDP的比例为118.7%；商业银行存款达7,674.2亿美元，占GDP的比例为57.1%。在海合会国家经济高速发展的背景下，私营部门在经济中的作用越来越大，信贷需求得到释放。旺盛的信贷需求与宽裕的银行体系流动性相结合，使银行私营部门信贷快速增长，其中阿联酋和卡塔尔增长最快，

分别增长了35%和45%，速度最慢的阿曼增长达20%。为获得更高的投资回报，海合会国家银行业大举进军零售银行业，个人贷款、信用卡和抵押贷款业务快速成长。

## 二、海合会国家伊斯兰金融发展历程

20世纪60年代，首批现代伊斯兰金融机构在巴基斯坦和埃及开业，它们大多数作为非营利机构，为低收入的农村地区提供信贷产品。与此同时，海合会国家的伊斯兰银行随着20世纪70年代的石油繁荣逐步涌现，主要为富商和企业客户提供金融服务。伊斯兰金融是以伊斯兰经典教义为核心基础，符合伊斯兰教法核心规定的以禁止收取利息为核心原则的宗教伦理金融制度。作为金融中介，伊斯兰金融与传统金融的功能相似。换言之，融资的目的是相同的，而在融资方法上存在差异。例如，迪拜伊斯兰银行以有限责任公司形式成立，由私人控股，随后在迪拜金融市场上市，并将分红支付给股份持有人及其他投资人。

起初，海合会国家提供伊斯兰金融服务的机构主要是商业银行，特别是融资租赁类金融产品穆拉巴哈和加价贸易。最近几年，穆巴拉哈的使用逐步拓展到零售客户的消费金融，特别是汽车消费领域。一些伊斯兰银行（如科威特金融所）甚至拥有汽车展厅以满足消费者的多样化需求。通过批量购买，科威特金融所可以为消费者节省购车成本，并按一定比例的折扣让利给客户。

与传统竞争者相比，海合会国家的伊斯兰银行更多聚焦于零售金融产品市场。例如，迪拜伊斯兰银行提供3,000美元起存的不同层级的投资账户。

多数伊斯兰银行的零售金融产品逐步品牌化，例如，迪拜伊斯兰银行为高净值客户提供私人银行服务，包括个人资产管理和金融交易服务，如股票交易等。拉吉哈银行的姆巴沙网上服务可以方便客户账户对账、转账和在线支付。

21世纪以来，海合会国家伊斯兰银行业迎来了快速发展时期，2000－2008年，伊斯兰银行资产年均增长率达到44%，伊斯兰银行资产占全部银行资产的比重达到24%。

# 第三节　海合会国家金融体系特征

## 一、总体特征

20 世纪 70 年代以来，发展金融市场成为海合会国家的共同目标，凭借雄厚的石油美元，海合会国家金融业迅速崛起，逐渐形成了自身的金融体系。其总体特征是资本市场不发达，尤其是债券市场发展滞后，银行部门在金融体系中占据主导地位；银行高度集中，私人银行和外资银行进入门槛高。

在阿拉伯国家金融体系中，海合会国家占据主导地位，海合会国家银行资本占阿拉伯国家银行总资本的 79.6%。中东金融市场规模与国内生产总值的比值是 110.8%，显著落后于 400% 的全球平均水平，甚至不到欧元区、美国和日本的一半。债券市场一直是海合会国家金融市场的短板，债券市场发展落后于亚洲、拉丁美洲，甚至撒哈拉以南的非洲。中东股票市场总市值、债券和银行资产占全球的份额分别为 1.78%、0.24%、1.68%，均小于其 GDP 占全球的份额（4.16%），从全球角度来看，中东金融市场规模较小，且滞后于其经济潜力（根据表 1.2 计算）。

**表 1.2　世界金融市场部分指标（2013 年）**　　单位：十亿美元

| 主体 | GDP | 除去黄金后的国际储备 | 股市市值 | 债券 | 银行资产 | 债券、股本及银行资产合计 | 债券、股本及银行资产/GDP（%） |
|---|---|---|---|---|---|---|---|
| 世界 | 75, 470. 9 | 12, 127. 7 | 62, 552. 0 | 97, 288. 6 | 126, 744. 1 | 286, 584. 7 | 379. 7 |
| 欧盟 | 16, 705. 2 | 570. 0 | 12, 464. 3 | 29, 964. 2 | 48, 715. 9 | 91, 326. 4 | 546. 7 |
| 美国 | 16, 768. 1 | 133. 5 | 22, 280. 7 | 34, 494. 3 | 15, 920. 5 | 72, 695. 5 | 433. 5 |
| 日本 | 4, 919. 6 | 1, 237. 2 | 4, 599. 3 | 12, 260. 7 | 11, 499. 7 | 28, 359. 7 | 576. 5 |
| 新兴经济体 | 29, 104. 8 | 7, 984. 4 | 11, 232. 7 | 11, 225. 1 | 33, 926. 3 | 56, 384. 1 | 193. 7 |
| 中国 | 9, 469. 1 | 3, 839. 5 | 3, 360. 5 | 4, 093. 9 | 20, 166. 5 | 27, 620. 9 | 291. 7 |
| 中东北非 | 3, 139. 5 | 1, 394. 0 | 1, 114. 3 | 237. 2 | 2, 126. 8 | 3, 478. 2 | 110. 8 |
| 撒哈拉以南的非洲 | 1, 607. 5 | 204. 1 | 609. 1 | 243. 0 | 633. 5 | 1, 485. 6 | 92. 4 |

资料来源：国际货币基金组织《全球金融稳定报告》（华盛顿，2015 年 4 月）。

**表 1.3　世界与中东金融市场结构比较**　　单位:%

| 主体 | 银行 | 股票 | 债券 |
|---|---|---|---|
| 世界 | 44 | 22 | 34 |
| 中东 | 61 | 32 | 7 |

资料来源：国际货币基金组织《全球金融稳定报告》（华盛顿，2015 年 4 月）。

海合会国家银行资产和股票市场总市值占 GDP 的比重均远高于中东地区的总体水平（见表 1.3）。巴林银行资产占 GDP 的比重达 259.7%，高于海合会其他国家。卡塔尔股票市场总市值占 GDP 的比重达到 73.7%，高于海合会其他国家（见表 1.4）。

**表 1.4　海合会国家的金融市场（与 GDP 之比）**　　单位:%

| 国家（地区） | 银行资产 | 股票市场总市值 |
|---|---|---|
| 巴林 | 259.7 | 64.1 |
| 科威特 | 165.5 | 72.8 |
| 阿曼 | 121.4 | 28.1 |
| 卡塔尔 | 148.7 | 73.7 |
| 沙特阿拉伯 | 92.6 | 71.0 |
| 阿联酋 | 193.4 | 59.7 |
| 中东地区 | 68 | 35 |

注：阿联酋证券市场融资数据是迪拜和阿布扎比股票市场的总和。各国证券市场融资数据是 2015 年 6 月末数据。

资料来源：各国当局，路透社。

## 二、海合会国家一体化与金融发展

### （一）海合会国家概况

海合会国家所在的海湾地区在一条巨大的石油带上，蕴藏着丰富的石油、天然气等资源，有“世界油库”之称，已探明的石油储量约占世界石油总储量的 42%，天然气储量占全球总储量的 23%。海湾地区国家属于炎热、干旱、少雨的热带沙漠气候，自然条件单薄，水资源匮乏，植被覆盖率低。除了石油和天然气资源，其他资源都相对比较匮乏，这些客观条件决定了其以石油工业为主体的经济结构。

海合会国家成员在政治、经济、文化、宗教、语言等方面有很多共同点。经济结构和产业结构的相似性是海合会国家经济一体化的基础，各成员都想通过提高价格和寻求更大的市场来获得更多的经济利益，这为该组织经济一体化提供了内在动力。海合会国家成员中除了阿联酋采用总统制以外，其他均属于君主制国家，其政治制度具有很多相似性。此外，海湾地区国家的阿拉伯人有着紧密的血缘关系，海合会国家各成员拥有共同的文化和价值观，其官方语言均为阿拉伯语。

（二）海合会国家一体化与金融发展

海合会国家的经济一体化促进了金融业的发展。1997 年，第 18 届海合会国家首脑会议允许海合会国家银行在成员间设立分支机构。2001 年末，海合会国家六国财长决定在 2010 年实现成员货币统一，并于 2003 年将本国货币同美元挂钩。2008 年，第 29 届海合会首脑会议，通过了货币联盟协议和货币委员会宪章，为建立海湾中央银行奠定了基础。2009 年，第 30 届海合会首脑会议宣布，海湾货币联盟（未来发行海湾统一货币的海湾中央银行的前身）已进入实施阶段，2010 年在沙特阿拉伯利雅得正式建立货币委员会，最终成立了海湾中央银行。

沙特阿拉伯、巴林、卡塔尔三个海合会国家成员均支持海湾货币联盟，希望实现海湾单一货币计划。然而，阿曼于 2006 年退出货币联盟，阿联酋也于 2009 年 5 月退出。尽管海合会已于 2009 年 12 月成立联合货币委员会，为日后推出海合会国家单一货币做准备，但由于欧盟存在的经济问题及欧元汇价疲弱，有关计划一直处于停滞状态。

## 三、石油依赖与宏观经济金融特征

（一）石油依赖

石油和天然气是海合会国家经济的支柱，它们几乎是所有海合会国家中最大的部门，同时石油和天然气部门也是出口收益和政府收入的主要来源。在大多数海合会国家，尽管出口收益和政府收入随着油价的变化而时有波动，但石油和天然气部门依然创造了约 80% 的出口收益和政府收入。

### （二）石油价格波动与金融体系

石油收入为海合会国家银行提供了流动性，驱动了股票市场的发展，支持了与美元挂钩的汇率制度并充实了外汇储备。

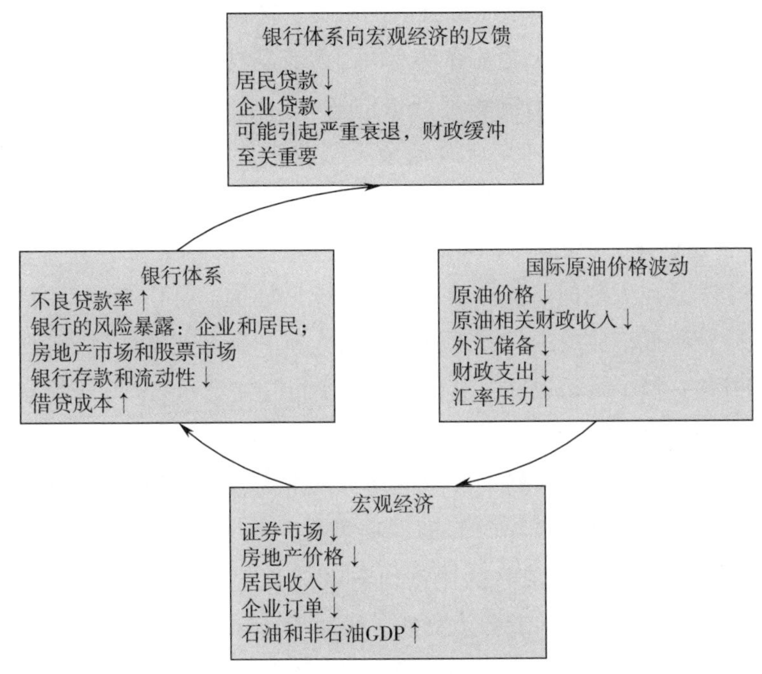


**图 1.1　国际原油价格波动向金融体系的传导机制**

图 1.1 描述了国际原油价格波动时，风险向银行资产负债表渗透的渠道。显然，石油价格波动会影响海合会国家的经济增长及其银行体系。石油价格的持续下降可能会导致海合会国家银行系统的流动性和存款的下降。海合会国家银行尤其处在非石油部门的投融资风险下，包括房地产项目、股票市场以及对家庭和企业的贷款。

石油收入影响海合会国家经济活动的规模和金融系统的深度。在海合会国家，政府的建筑和基础设施项目支出推动了国内非石油 GDP 的增长，而银行高度依赖建筑和房地产部门。非石油部门风险通过股票市场、房地产项目融资或抵押品要求等渠道传导。

（三）宏观经济金融特征

1. 经济周期与资源价格关系紧密

长期以来，海合会国家经济表现出高速增长与增幅波动并存的现象，能源价格波动是海合会国家经济波动的根源。能源价格高位运行期，海合会国家国际收支和财政状况显著改善，国内流动性增强，消费和投资信心指数上升，甚至引发了信贷和资产价格泡沫。相反，国际能源价格下滑，海合会国家经济周期逆转，财政盈余大幅收缩，非石油部门发展受到影响，信贷和资产价格泡沫破灭。

2. 普遍选择固定汇率制

由于美元在大宗商品贸易计价中处于统治地位，盯住美元有助于规避汇率风险，降低汇兑成本，实现稳定的收入流和金融财富，海合会国家除科威特盯住一篮子货币以外，其他五国均实行盯住美元的固定汇率制度。

3. 经济结构单一

海合会国家石油和天然气产业推动价格走高，使其经济整体竞争力降低，从而打击了其他出口部门（即"荷兰病"）[1]。除阿联酋外，海合会国家其他五国石油出口占 GDP 的比重均在 40% 以上。经济结构失衡和产业结构单一，使其经济整体竞争力降低，增加了经济增长的波动。

4. 储蓄率高

海合会国家储蓄率极高，过多的储蓄并没有全部转化为投资，对应为石油出口顺差。2013 年，国际货币基金组织公布数据显示，卡塔尔储蓄率高达 59%，位居世界首位，科威特、沙特阿拉伯、阿联酋、巴林的储蓄率分别达到 55%、48%、40%、39%，都居世界前十位。

5. 货币和资本市场缺乏深度

海合会国家拥有长期的财政和外部盈余，这意味着国债需求不强，国债市场发展缓慢。海合会国家经济结构单一，也阻碍了其他固定收益市场的发展，此外抵押贷款市场发展滞后，基础设施融资和中小企业融资也面临困难。海合会国家中央银行流动性管理能力有限，大量的流动性被商业

1 指一国（特别是中小国家）经济的某一初级产品部门异常繁荣而导致其他部门衰落的现象。

银行吸收而非中央银行。此外，商业银行不得不面对巨大的外部盈余带来的与资本流入相关的融资期限错配风险。

6. 风险过度聚集

由于缺乏发达的资本市场，房地产作为投资品和银行系统抵押品的作用过高。为促进经济增长，特别是实现多元化发展，海合会国家大量增加公共项目投资，带来了短期内投资过热的可能性，以及中期低回报率和产能过剩的风险。2008 年国际金融危机前，海合会国家普遍出现房地产市场过热以及产能过剩的现象，系统性风险不断累积。

## 四、货币政策与宏观管理

### （一）汇率政策的演变

20 世纪 70 年代至 2001 年，海合会国家实施传统盯住汇率制度[2]。其中，巴林、卡塔尔、阿联酋盯住特别提款权（SDR），科威特盯住一个不同于 SDR 的货币篮子，阿曼盯住美元，沙特阿拉伯最初盯住 SDR，后于 1986 年开始盯住美元。

2001 年末，海合会国家六国财长会议决定海合会国家汇率制度统一为盯住美元制度，为实现成员货币统一奠定了基础。2007 年 5 月，科威特将盯住美元的汇率制度再度改变为盯住一篮子货币。至此，除科威特外的海合会国家汇率制度为盯住美元的传统固定盯住制，而科威特为盯住一篮子货币的传统固定盯住制。

海合会国家选择盯住美元的汇率制度，将盯住美元视为保持本币稳定的力量，以及增强投资者和贸易伙伴信心的名义锚。由于美元在国际原油计价和结算中处于统治地位，盯住美元有助于海合会国家规避汇率风险，降低汇兑成本，实现稳定的收入流和金融财富。

### （二）盯住美元汇率制度下的货币政策

按照克鲁格曼的“三元悖论”，在开放经济条件下，一国不同的政策目标之间存在着冲突，货币政策独立性、汇率稳定和资本流动三者只能取

2　各国开始实施盯住汇率制的时间起点有所不同。

其二。由于国际资本流动性日益提高，在很多情况下，三元悖论实际上是在货币政策独立性和汇率稳定两者之间的权衡。海合会国家产油国选择了后者，即拥有相对固定的汇率制度、高度的资本流动和作用有限的货币政策。

近年来，海合会国家大力实施货币政策改革，各国中央银行试图建立以市场为导向的货币政策机制，在盯住汇率制（除科威特第纳尔盯住一篮子货币外，其他国家均盯住美元）的基础上，复合运用多种货币政策工具，传导中央银行货币政策信号，调节银行体系流动性。

为调控流动性和信贷，除政策利率以外，海合会国家中央银行还运用公开市场操作、常备便利等货币政策工具管理短期流动性，并运用存款准备金率、长期政府债券、宏观审慎工具调控流动性结构。近年来，海合会国家中央银行正致力于从直接信贷和利率控制转向实施间接货币政策工具。

### （三）宏观管理框架

对海合会国家来说，宏观政策充满挑战。盯住美元的固定汇率制限制了其制定利率的能力，进而制约了货币政策的独立性。因此，财政政策，特别是政府支出成了管理经济周期的主要工具。然而，由于政策时滞和支出刚性，财政政策在防止信贷泡沫和防范系统性金融风险方面灵活性不足。理论上，宏观审慎政策可以配合财政政策管理随油价波动的金融周期，并发挥作用。尽管各国中央银行已开始实施宏观审慎政策，但缺乏正式的制度框架和充分的法律支撑。总体来看，海合会国家宏观管理制度还有待进一步完善。

## 五、金融监管框架

### （一）微观审慎监管框架

海合会国家金融体系的监管基本分为单一监管和多头监管两种模式。其中巴林和阿曼实施单一监管模式。巴林《中央银行法》规定中央银行是其金融体系的唯一监管部门，其主要职责包括对金融体系的稳定性进行测度，管理系统性金融风险、对传统银行及伊斯兰银行发放牌照并实施监管，发放投资类公司牌照，监管资本市场等。阿曼中央银行负责监管整个金融体系，包括实施良好的货币政策和金融政策，促进金融部门健康、快速发展。阿曼许多微观审慎监管工具具有宏观审慎监管工具的特征，如提高资本充足率要求、限制风险敞口等。

海合会国家其他四国的金融体系受多部门监管，其中银行体系由中央银行监管。科威特银行部门的审慎监管主要由中央银行实施，资本市场管理局负责对资本市场和投资公司进行监管；沙特阿拉伯货币局对其商业银行、保险公司、外汇交易商以及房屋租赁和金融公司进行监管，资本市场管理局对资本市场实施监管；卡塔尔中央银行监管其银行体系和保险部门，证券市场由金融市场管理局（Qatar Financial Markets Authority）监管；阿联酋金融体系拥有多个监管部门。中央银行对银行体系进行监管，证券和商品管理局监管该国三个股票交易所中的两个，即迪拜金融市场以及阿布扎比证券交易所。迪拜金融服务管理局负责监管位于迪拜国际金融中心的迪拜纳斯达克市场。保险管理局对保险部门进行监管。

因为没有统一的监管体系，海合会国家在银行监管机制方面存在很大差异，例如在存款准备金要求、开立外汇头寸、股息支付、外国人借款、单个银行的对外借款等方面的规章制度就都不相同。但海合会国家在银行监管方面十分重视与国际先进监管标准接轨，部分国家在制定国内监管标准时，或是吸收了国际先进经验，或是引进了通用的国际监管标准作为本国监管准则，以确保本国金融监管能够保持先进水平并有效维护国内金融稳定运行。

海合会国家的证券市场通常只允许本地经纪人进行交易，对外国投资人限制较大，一般不允许外国人直接拥有所有权，外国人只能通过与当地金融中介合作的方式进入市场；但一些小的国家正在尝试放松市场准入限制，以吸引更多资金投向本国。一直以来，外国投资人强烈要求海合会国家提升市场流动性，破除市场进入限制，提高透明度并解除对外国人取得所有权的限制。

### （二）宏观审慎监管框架

在国际金融危机前，海合会国家实施了大量的宏观审慎政策，然而这些举措通常因实施过晚而导致效果并不明显，除卡塔尔外，海合会其他国家宏观审慎政策并未得到立法支持。卡塔尔中央银行在金融稳定方面拥有政策制定和金融服务监管的权力，同时卡塔尔通过金融稳定和风险控制委员会为所有监管者提供正式的合作沟通框架。近期，其他海合会成员也开始为监管者提供一些非正式沟通协调机制。作为实现金融稳定目标的一部分，巴林、阿曼、科威特、卡塔尔以及阿联酋的中央银行已经建立了一个独立的金融稳定办公室，同时发布了金融稳定报告。

（三）伊斯兰金融监管

随着全球伊斯兰银行业的快速发展及资产规模的不断扩大，对伊斯兰银行的监管也显得越发重要。由于伊斯兰银行业务的特殊性，很难将适用于传统银行的监管法规框架直接套用在伊斯兰银行上，针对传统银行的监管工具也难以起到理想效果。1991 年成立的伊斯兰金融机构会计与审计组织（AAOIFI）先后发布了 50 多项行业标准，涉及会计、审计、公司治理、伦理等多个方面。2002 年成立的伊斯兰金融服务委员会（IFSB）专门负责制定和发展各成员广泛遵循的伊斯兰金融体系标准，其作用相当于伊斯兰金融体系的巴塞尔银行监管委员会。IFSB 以《巴塞尔协议Ⅱ》为基础，结合伊斯兰金融特点，制定了与《巴塞尔协议Ⅱ》三大支柱相对应的相关准则，形成了较为完整的伊斯兰金融监管框架。但由于地区宗教差异及各国的伊斯兰金融机构发展水平不同，上述机构制定的标准在实际推广中并不顺利，统一监管还处在探索之中。

目前，各国对伊斯兰银行监管的主要分歧集中于伊斯兰金融机构在传统金融体系中的法律地位上。马来西亚、也门等国认为监管伊斯兰银行的制度应与传统银行截然不同；其他国家（如巴林、卡塔尔等）虽然承认伊斯兰银行活动的特殊性，但仍倾向于将其置于传统银行的监管体制中，仅对已颁布的法规、指导原则略作修改。在采纳国际标准方面，多数国家对伊斯兰银行的监管都采纳了《巴塞尔协议Ⅱ》、IFSB 的规定和国际会计准则。

## 第四节　海合会国家金融体系概览

### 一、银行业金融机构

海合会国家的银行业是金融行业的中流砥柱，在 2015 年阿拉伯百强银行评选中，海合会国家有58家银行的资产额之和占到阿拉伯银行总资本额的79.57%。

海合会国家银行资金充足，大多数经营状况良好，不良率较低，许多国际信贷登记组织给予大部分海合会银行优惠的信贷等级，有些银行甚至被给予一级或A级的等级。

与其他地区银行业不同，海合会国家银行业有如下特点：高度依赖石油和天然气产业，2011－2014年，石油和天然气的出口额占海合会六国贸易额的70%，80%的财政收入依赖石油和天然气行业；全国银行市场由少数大型银行主导，各国前五大银行占据国内市场的份额最高达81%，最低的也占46%，远高于欧盟和美国；国有资本占比较高，阿联酋国有银行资本占市场总额的52%，沙特阿拉伯、阿曼、科威特分别占35%、30%和13%；行业保护严重，外资比例限制，分支机构限制，就业本地化限制等极大阻碍了外国资本的进入；业务高度集中在建筑、房地产和消费领域，在海合会国家，平均45%的贷款集中在房地产和建筑行业，消费领域的贷款占比也非常高，在巴林、阿曼、沙特阿拉伯和阿联酋四国，消费贷款占总贷款额的20%～40%。

总体来讲，海合会国家银行业整体较为稳健，但石油资源价格波动、消极的投资情绪以及复杂的地缘政治导致的市场不确定性，是海合会国家银行业发展面临的主要障碍。

## 二、证券市场

海合会国家共有七家证券交易所，分别是阿布扎比证券市场、巴林证券交易所、多哈证券交易所（即卡塔尔证券交易所）、迪拜金融中心、科威特证券市场、马斯喀特证券市场（阿曼）、沙特阿拉伯股票市场。

2013年6月，摩根士丹利国际资本将阿联酋和卡塔尔从“前沿市场”提升至“新兴市场”类别，并于2014年5月正式编入摩根士丹利国际资本新兴市场指数（MSCI EM）。投资者对海合会国家资本市场的信心显著增强。额外的流动性为海合会国家政府提供了一个持续改革资本市场的动力。沙特阿拉伯是海合会国家最大的股票市场，市值达到5,300亿美元，

2015 年 6 月 15 日，沙特阿拉伯证券交易所正式向外国投资者开放，这是其首次对外开放，此举是为了吸引外资以繁荣市场，实现经济多元化和创造更多的就业机会。此外，阿联酋和卡塔尔的上市公司纷纷调高外资所有权限制。

金融和房地产板块在海合会国家资本市场中处于支配地位。比如，在阿联酋和卡塔尔，金融和房地产板块分别占到股票市场总市值的 67% 和 54%。当前，两国政府正在推动包括零售、医疗和消费公司在内的更多类型的企业进入股票市场上市。多样化的上市公司可以更好地反映经济多元化的成果，并为更多的公司提供广泛的融资来源。

海合会国家证券市场与国际原油价格呈现正相关关系。近几年，受全球经济下行压力持续加大以及能源价格疲软影响，海合会国家证券市场表现有所下滑，总体呈现从波动走向恢复的态势。

## 三、保险业金融机构

海合会国家保险市场是当前世界上潜力最大的区域性保险市场之一，虽然其保险深度和保险密度处在较低水平，但其人口结构和经济发展前景预示着保险业将拥有巨大的发展空间。

海合会国家保险业发展的一个显著特点是保险渗透率低，保险密度小。无论是与欧美发达保险市场相比，还是与世界保险市场的平均水平相比，其保险渗透率和保险密度都显著低于其 GDP 增长速度和其在全球经济中的地位。此外，该地区的伊斯兰保险是富有特色的保险类别，发展规模和增速均逐年提高，潜力巨大。该地区最大的两个保险市场是阿联酋保险市场和沙特阿拉伯保险市场，两国保险业务总量占该地区保险业务总量的 80% 左右，其他国家如科威特、阿曼、巴林等的保险发展与阿联酋、沙特阿拉伯两国差距比较大。

海合会保险公司的承保业务总体上分为寿险和非寿险两个部分，两大业务的保费收入在总保费中的占比相差悬殊，分别为 13.3% 和 86.7%（2014 年）。究其原因，海合会国家优厚的国家福利和普遍富裕的国民使该地区的寿险产品普遍面临认可度较低的困境。海合会保险产品主要通过代理商、经纪人、银行保险、直销等几种方式进行分销。

## 四、伊斯兰银行

伊斯兰金融被定义为与伊斯兰教义相符的金融服务。其特征是禁止利息、赌博，规避高风险、短期投机性买卖，不向对社会有危害性的活动提供融资。此外，伊斯兰金融要求参与者遵守公平交易原则，交易均要有真实背景及风险共担特征。根据侯赛因、沙赫穆罕默德和特克（2015）计算的数据，全球伊斯兰银行总资产占伊斯兰金融总资产的比重为78%，伊斯兰银行在伊斯兰金融中占据主导地位。从全球分布来看，伊斯兰银行资产主要集中在中东和亚洲地区。其中，海合会国家占比最高，达37.6%。

从海合会国家伊斯兰银行业发展情况来看，海合会国家伊斯兰银行部门的资产增速快于传统银行业，并且盈利水平有所改善；从资本充足率水平来看，海合会国家伊斯兰银行的资本充足率水平较高，均超过当地监管部门对资本充足率的要求；海合会国家尚未建立统一的伊斯兰银行法律体系，其法律框架有待进一步加强；海合会国家的伊斯兰银行是由市场驱动形成的，它们都强调伊斯兰理念和价值观，拥有丰富多样的伊斯兰银行资产，包括分期销售、加价贸易、穆拉巴哈等产品。伊斯兰金融在海湾地区广受欢迎，伊斯兰银行业也逐渐开始向全球其他地区拓展业务。

## 五、伊斯兰债券

伊斯兰债券，通称苏库克，是传统债券遵循伊斯兰教义的一种形式，兼有债券和股票特征的投资工具，也是伊斯兰金融中仅次于伊斯兰银行的第二大金融资产，其发行目的是为有形资产的生产和贸易活动融资。

近年来，苏库克市场发展迅速，年均发行量由2011年的450亿美元增至2014年的1,188亿美元，几乎增长了三倍[3]。此外，苏库克呈现出向非伊斯兰宗教国家蔓延的态势，当前苏库克的市场需求超过3,000亿美元。据估计，2017年全球苏库克的需求将达9,000亿美元[4]。

3　资料来源：马来西亚国际伊斯兰金融中心《2015年苏库克年报》。

4　资料来源：安永会计师事务所，2015。

从2015年第一季度的数据看，海合会国家是全球苏库克市场的第二大发行方，市场份额为37.7%，仅次于市场份额为42.3%的马来西亚。作为一种融资选择，苏库克市场引起了发达国家、新兴经济体以及跨国机构的广泛关注，各主体期望对不同经济活动和投资项目按照苏库克模式融资。

## 六、主权财富基金

2005年Andrew Rozanow在《中央银行杂志》（*Central Bank Journal*）上首次提出了“主权财富基金”的概念。现代第一个主权财富基金（SWF）科威特投资局（KIA）于1953年建立，通过将石油美元收入投资于国际资本市场和存入银行账户，把本国不活跃的资本由地下转为地上，防范石油美元收入波动造成冲击。这种促进国家发展与为下一代保留石油财富之间的权衡已经成为商品出口导向型国家建立主权财富基金的主要动机。按照资金来源的差异，我们可以粗略地将主权财富基金划分为两种类型：以出口货物方式获取的资金而成立的主权财富基金，例如海湾诸国和俄罗斯；以吸收本国出口加工业外汇收入而成立的主权财富基金，例如中国和东南亚诸国。

在海合会国家，主权财富基金通过重新分配财富支持经济发展。海合会国家经济面临负面冲击时，海合会国家的主权财富基金能够提供财政缓冲，通过增强财政支出来支持非石油部门的发展，以促进经济多元化。

海合会国家之间主权财富基金的差异也非常明显。阿布扎比投资局、科威特投资局等大型主权财富基金通常具有较高的风险承受度且股权投资占比较高，而沙特阿拉伯货币局等中央银行的资产管理相对保守。后者对较高流动性的偏好源于对流动资产的潜在偏好，一旦出现金融危机或原油收入波动，中央银行可用这些流动资产为发展项目提供短期融资。而在产油高峰期已过的阿曼、巴林等国家，主权财富基金主要用来为经济多元化提供融资服务。近年来成立的迪拜投资、迪拜国际资本等杠杆基金，由于其债务融资属性，不能被归为主权财富基金。

## 七、金融中心

在海合会国家中，巴林、阿联酋、卡塔尔和沙特阿拉伯都宣称要建设金融中心，其中阿联酋和卡塔尔居于领先地位。根据英国伦敦智库 Z/Yen 集团 2016 年公布的《全球金融中心指数》，迪拜、阿布扎比、多哈、巴林和利雅得排名分别为第 13 位、第 26 位、第 35 位、第 69 位和第 70 位。海合会国家金融中心在全球金融中心的排名，虽然落后于中国深圳的第 18 位和中国上海的第 20 位，但高于其他金砖国家金融中心的排名，并远超中东北非区域的其他金融中心。

# 第二章

# 海合会国家金融机构

## 第一节　海合会国家银行业金融机构

### 一、海合会国家银行业发展概况

（一）发展历程

海合会国家有悠久的银行业发展历史。早在1918年，英国便在巴林开设第一家银行。1981年5月，海合会成立后，为确保银行体系稳定运转，海合会六国的银行业制定了严格的管理和操作规定，它们大力推崇世界一流的票据清算结算系统，其金融系统基础设施建设已达到世界顶尖银行水平。海合会国家的中央银行也在努力遵循巴塞尔银行监管委员会制定的规则，不断提升各国银行资本充足水平和经营管理水平。2015年，阿拉伯百强银行中有58家来自海合会国家，这58家银行的总资本占阿拉伯百强银行总资本的79.57%。海合会国家资金充足，银行大多数经营状况良好，不良率较低，许多国际信贷登记组织给予大部分海合会国家银行优惠的信贷等级，有些银行甚至被给予一级或A级的等级。

海合会成立至今，海合会国家银行业经历了1990－2000年全盛发展时期、2008年国际金融危机、危机后的反弹时期及2014年后的国际油价大跌。2006－2008年，海合会国家的银行资产呈两位数的高增长态势，科威特为21%，卡塔尔高达46%，平均为29%。2008年国际金融危机对海合会国家金融业产生了一定影响，但凭借过去十年累积的充足资本，该地区金融机构并未受到重创。危机过后，2010－2012年，海合会国家银行资产平均增长率为10%。总体来讲，海合会国家六国银行业整体较为稳健，但流动性不足、石油资源价格波动、消极的投资情绪以及复杂的地缘政治导致的市场不确定性，是海合会国家银行业发展面临的主要障碍。

（二）总体特征

不同于其他地区，海合会国家的银行业呈现五大特点。

1. 高度依赖石油和天然气产业

2011－2014 年，石油天然气出口额占据海合会国家六国贸易服务出口额的 70%，80% 的财政收入来源于石油和天然气行业。

2. 行业集中度高

全国银行市场由少数大型银行主导，各国前五大银行占据国内市场份额从最高的 81% 到最低的 46% 不等，阿联酋和巴林行业集中度相对较低，略少于 50%，但仍远高于欧盟和美国。科威特、阿曼和卡塔尔 2/3 的银行资产被前三大银行机构所控制。

3. 国有资本占比较高

阿联酋国有银行占其市场总额的 52%，沙特阿拉伯、阿曼、科威特分别为 35%、30% 和 13%。

4. 行业保护严重，外国资本进入限制较多

银行市场最为开放的阿曼和巴林也分别只允许外国投资者持有 30% 和 40% 国内银行的股份。在其他海合会国家，银行业股份几乎完全由国内投资者持有。外资比例限制、分支机构限制、就业本地化限制等均极大阻碍了外国资本（包括其他海合会国家）进入。值得一提的是，外资银行在海合会国家金融中心或自由区可以拥有百分之百的股权，但只能经营离岸银行业务。

5. 业务集中在建筑、房地产和消费领域

在阿联酋、科威特和巴林，20% ~50% 的贷款集中在房地产和建筑行业。此外消费领域的贷款占比也非常高，在巴林、阿曼、沙特阿拉伯和阿联酋四国，消费贷款占总贷款额的 20% ~40%。

## 二、海合会国家银行业国别分析

（一）巴林

巴林金融业发达，是海湾地区重要的金融中心。截至 2016 年末，巴林银行业资产总额达到 1,860 亿美元，占 GDP 的比例为 584%。其中批发银行资产总额 1,030 亿美元，占 GDP 的比例为 323.4%，零售银行资产总额 830 亿美元，占 GDP 的比例为 260.6%。巴林的零售银行业在海合会市场份额最大，三家最大的零售银行（巴林和科威特银行、巴林国家银行、阿里联合银行）占据银行业总资产的 40%。巴林还有一个充满活力的批发银行业，其中最大的是阿拉伯银行公司。阿拉伯银行公司为其他地区提供离岸、投资银行和项目融资服务。

（二）科威特

科威特金融体系主要由银行（含商业银行和伊斯兰银行）、投资公司、投资基金和货币兑换公司组成。截至 2016 年末，科威特银行业总资产达 2,007 亿美元。科威特银行业高度集中在最大的两家银行：科威特银行和科威特国民银行财务公司，两家银行资产合计约占科威特银行业总资产的一半。除了银行业，科威特还有 95 家投资公司。其表内和表外的总资产分别约占 GDP 的 102% 和 42%。由于自营交易，这一部门受到 2008 年全球流动性紧张的严重影响，资产价格下跌严重。

（三）阿曼

银行业在阿曼金融体系中占据重要位置，银行资产负债占金融总资产和负债的比例超过 90%。截至 2016 年末，阿曼银行业总资产达到 703 亿美元。阿曼境内共有 16 家传统的商业银行，其中 7 家本地银行、9 家外国银行分行。银行业务高度集中在最大的两家银行：马士革银行和阿曼国家银行，它们控制着该行业 55% 以上的资产。

（四）卡塔尔

截至 2016 年末，资产业总资产达到 2,053 亿美元，占 GDP 的比例为 132%。银行业高度集中于三大本国银行：卡塔尔国家银行、卡塔尔商业银行和多哈银行。这三家银行占全国银行业总资产的近 70%。外国资本进入卡塔尔金融中心加剧了银行业的竞争，但地方银行仍然在国内拥有完善的特许经营权。外资银行主要从事大型基础设施项目等投融资活动。此外，卡塔尔还有三家国有专业银行（主要服务于开发和房地产项目）、六家金融租赁公司，但这些公司的资产份额相对较低。

（五）沙特阿拉伯

截至2016年末，银行业总资产约6,017亿美元，占GDP的比例为94%。市场主要集中在最大的三家银行：国家商业银行、桑巴金融集团和拉赫杰银行，占银行业总资产的45%。公有资本（包括准政府资本）在这三家银行占比较高。此外，该国还有资产规模接近银行业一半的5家专业信贷机构，为公共项目提供免息贷款。同时，政府成立的三家机构：养恤基金、总务社会保险组织和沙特阿拉伯发展基金，主导着政府证券市场。其他非银行金融机构在金融系统资产的占比较小。

（六）阿联酋

阿联酋的银行业规模在海合会国家中仅次于巴林，截至2016年末，银行业总资产约7,108亿美元，资产总额占GDP的比重超过140%。阿联酋银行业集中度在海合会国家之中最低，阿布扎比国家银行、阿联酋国际银行和阿布扎比商业银行三家资产规模最大的银行仅占其银行总资产的32%。阿联酋银行业国有化程度较高，政府持有大部分银行业股份。除了银行，阿联酋的金融部门包括两个重要的伊斯兰抵押贷款融资公司。

## 三、海合会国家银行业资本负债及风险情况

（一）所有制情况

因存在进入壁垒和特殊许可，海合会国家的银行业主要以国内银行为主。除巴林之外，海合会国家对外资股权占比均有限制：阿曼为35%，科威特和卡塔尔为49%，阿联酋为40%。因此，海合会国家的银行和其他外国银行主要以分支机构的形式开展跨境业务，且在许多情况下只有一家分支机构。外资银行在巴林和阿联酋占有很重要的地位，其中巴林外资银行占其本国银行资产总额的比例高达71%。沙特阿拉伯、阿曼、卡塔尔外资银行总资产占银行业总资产的份额分别为10.01%、8.24%和36.55%（见

表2.1）。

**表2.1　海合会国家银行业资产占比情况（截至2016年末）**

单位：亿美元、%

| | 银行业总资产 | 外资银行资产占比 |
|---|---|---|
| 巴林 | 1,860 | 71.00 |
| 科威特 | 2,007 | — |
| 阿曼 | 703 | 8.24 |
| 卡塔尔 | 2,053 | 36.55 |
| 沙特阿拉伯 | 6,017 | 10.01 |
| 阿联酋 | 7,108 | — |

资料来源：海合会各国中央银行。

海合会国家国有银行资产占比较大，但各国占比差别很大。科威特国有银行资产占银行业资产总额的13%，阿联酋高达52%，阿曼和沙特阿拉伯分别为30%和35%。近年来，阿联酋国内银行业发展迅速，几乎一半的国内银行业由公众所有，其中政府直接所有权占41.5%，皇室所有权占10.3%。除阿联酋以外，海合会国家其他国家银行业中的皇室所有权几乎不存在。国际评级机构给予海合会国家银行的评级相对较高，这主要基于银行在困难时刻将得到主权支持的假设前提。一旦政府支持银行的假设出现变化，海合会国家银行的评级将受到不利影响。

海合会国家的外资银行以发达国家的跨国银行为主，如美国花旗银行，英国汇丰银行和渣打银行，法国巴黎银行，德国德意志银行，日本三菱联合金融控股集团，瑞士信贷摩根士丹利。沙特阿拉伯有外国银行分行8家，阿联酋有28家，卡塔尔有7家，阿曼有10家，科威特有89家，巴林有400多家地区和国际金融服务机构。卡塔尔国际金融中心吸引了400多家公司进驻，且有70余家外资银行和金融机构。海合会国家银行业海外分支机构主要分布在伦敦、巴黎、华盛顿、日内瓦等城市和巴基斯坦、印度等国以及部分中东国家。

（二）负债情况

海合会国家银行业依然以传统的存款和贷款为主要资金来源和投资渠

道。近年来，国外资本作为负债在一些国家虽有所增长，但依旧受到限制。银行间负债在科威特、阿曼和卡塔尔非常重要，分别占资产负债表总额的27%、16%和16%（2008年末）。海合会国家银行持有的债券融资份额很小（占总负债的2%）。这加剧了资产之间的期限错配成本。银行的负债主要由贷款组成，证券投资占比较小。贷款和伊斯兰金融产品总额在沙特阿拉伯的银行业负债中占50%，在阿联酋占到71%，而证券投资总额在卡塔尔仅占8%，在沙特阿拉伯约占23%。根据Bankscope对50家顶级海合会国家银行的分析（包括传统银行和伊斯兰银行），平均而言，海合会国家银行仅持占资产总额18%的证券投资组合。其中，传统银行和伊斯兰银行分别只持有约1%和2%的股票或衍生品。

（三）主要风险

海合会国家银行普遍具有较高的资本充足率，使其在全球金融危机动荡中保持相对稳定。但是海合会国家经济严重依赖石油和天然气产业，导致海合会银行业资产组合的风险与石油和天然气产业密切相关，借款主体面临的信贷风险高度相似，加大了银行业整体的风险。银行信用风险敞口的地理分布也如此。海合会国家银行业的净收入与石油和天然气收入驱动的财政支出高度相关，这意味着石油和天然气价格成为影响信用违约的重要风险因素。主要体现在以下几个方面。

1. 行业集中度高

海合会国家的贷款投放主要集中在房地产和建筑领域，而建筑和房地产领域主要依赖于政府的石油项目推动。在海合会国家，石油部门收入是非石油部门的主要驱动力，基础设施建设、公共财政支出都与石油收入密切相关。近年来，海合会国家消费贷款也逐步增加，然而主要面向政府雇员和大型企业员工（其工资同样间接来源于石油收入）。

2. 部门集中度高

海合会国家贷款大部分集中在大型企业和政府公共部门，它们的收入严重依赖于石油和天然气收入（见表2.2）。大型企业和政府公共部门同时拥有较大比例的银行业资本，如果它们违约，将严重损害银行业的偿付能力。

表 2.2　海合会国家对石油收入的依赖程度　　　　单位:%

| 国别 | 石油出口收入占货物服务贸易总额的比重 | | | 石油财政收入占总财政收入的比重 | | |
|---|---|---|---|---|---|---|
| | 2000-2005年 | 2006-2010年 | 2011-2014年 | 2000-2005年 | 2006-2010年 | 2011-2014年 |
| 巴林 | 58.7 | 60.5 | 65.1 | 71.7 | 82.2 | 87.2 |
| 科威特 | 82.7 | 80.5 | 87.6 | 72.7 | 79.2 | 83.6 |
| 阿曼 | 76.9 | 69.4 | 64.3 | 83.4 | 83.4 | 88.7 |
| 卡塔尔 | 88.5 | 85.9 | 88.9 | 90.5 | 88.3 | 90.7 |
| 沙特阿拉伯 | 83.4 | 83.1 | 83.0 | 82.8 | 88.3 | 90.3 |
| 阿联酋 | 45.0 | 38.7 | 32.6 | 60.2 | 65.1 | 69.9 |

资料来源：海合会国家中央银行。

3. 地区集中度高

海合会国家的银行贷款投放主要集中在中东地区，其国外贷款并没有实质减少石油领域的风险敞口。阿联酋和巴林的风险敞口集中度在中东地区相对较小，但也占50%左右，而其他四国则高达75%~100%。

## 四、海合会国家上市银行业绩

### （一）整体情况分析

尽管海合会国家的政治和经济并不稳定，国际油价持续下跌，但得益于强劲的运营条件、扩张性财政政策和基础设施的持续投入，海合会国家的银行业仍然保持了相对稳健的发展态势。2015年，在贷款和融资收入增长的驱动下，海合会国家56家上市银行利润和资产都比2014年平均增长6%，不良贷款率平均保持在3.2%左右。成本收入比平均下降了7.4%，融资组合净减值同比下降9.2%。海合会国家大部分银行有着以存款为基础的投融资结构，用户储蓄占银行总负债的60%~90%，支撑着海合会国家银行的流动性和贷款能力。

然而，海合会国家上市银行仍未能保持前几年的两位数增长速度。2015年，上市银行平均资产收益率（ROA）为1.4%，股东权益收益率（ROE）为11.7%，比2014年均有所下降。在国际油价下降和政府支出减少的影响下，银行的流动性明显下降，资金成本持续上涨，加剧了银行间的负债竞争，进一步对其盈利造成负面影响。2015 年，在《巴塞尔协议Ⅲ》和无风险加权资产增加的双重影响下，大部分海合会国家银行的资本充足率下降了 2%。海合会国家银行普遍存在着单一借贷者或单一行业的信贷集中度较高、关联方贷款规模较大、透明持久度缺乏等问题，这加大了银行遭遇风险事件的可能性。此外，2015 年，上市银行的股价均普遍下降，反映出投资者对当地政治和经济不确定性的担忧。政府在银行的存款将进一步减少，并有向银行贷款的意向，尽管 2016 年部分海合会成员选择在国际市场发行债券融资，但是通过本国金融市场融资仍然是更加重要的弥补赤字渠道，这将进一步影响整个银行业的流动性。以沙特阿拉伯为例，2016 年其成功在国际市场发行国债 175 亿美元，仅占其新增外债 1,304.46 亿美元的 13.42%。

**表 2.3　海合会国家上市银行财务数据（2015 年）（1）**

单位：亿美元，%

| 国别 | 总资产 | 同比增长率 | 利润 | 同比增长率 | 核心资本充足率 | 同比增长率 | 成本收入比 | 同比增长率 |
|---|---|---|---|---|---|---|---|---|
| 沙特阿拉伯 | 5,782 | 3.3 | 116 | 5.3 | 17.8 | 0 | 39.0 | 0.1 |
| 阿联酋 | 5,043 | 10.8 | 97 | 11.3 | 18.1 | -0.3 | 34.8 | 0.6 |
| 卡塔尔 | 2,977 | 11.4 | 55 | 4.5 | 15.5 | -0.7 | 31.7 | 0 |
| 科威特 | 2,335 | -2.5 | 24 | 2.2 | 18.1 | -1.0 | 40.5 | -18 |
| 阿曼 | 931 | 18.3 | 10 | 10.4 | 20.9 | -1.3 | 76.3 | -36.3 |
| 巴林 | 681 | 2.9 | 9 | 4.1 | 18.2 | -9 | 46.5 | -7.2 |

**表 2.4　海合会国家上市银行财务数据（2015 年）（2）**　单位：%

| 国别 | ROE | 同比增长率 | ROA | 同比增长率 | 不良资产率 | 同比增长率 | 流动资产比率 | 同比增长率 |
|---|---|---|---|---|---|---|---|---|
| 沙特阿拉伯 | 14.5 | 0.1 | 2.0 | 0 | 1.1 | 0 | 22.4 | -1.3 |
| 阿联酋 | 17.3 | -0.1 | 2.2 | -0.2 | 4.1 | -0.7 | 30.2 | 1.1 |
| 卡塔尔 | 14.2 | -0.4 | 1.8 | -0.2 | 1.7 | 0.1 | 23.1 | -4.4 |
| 科威特 | 8.2 | 0 | 0.9 | 0 | 2.4 | 0 | 31.5 | -1.6 |
| 阿曼 | 7.6 | -0.2 | 0.5 | 0.5 | 1.6 | -0.3 | 21.2 | -3.2 |
| 巴林 | 8.3 | -0.8 | 1.0 | 0 | 8.3 | 0.8 | 30.4 | -27 |

（二）国别分析

1. 巴林

巴林共有103家银行，其中传统银行有75家，伊斯兰银行有28家。银行总资产从2007年的495亿美元增长到2015年的931亿美元。尽管全球经济增长乏力，巴林银行业仍在2015年保持上涨，这在很大程度上得益于家庭储蓄率的上升。相比其他海合会国家，巴林银行业的市场体量较小。巴林的银行业务主要集中在地产和能源领域，当经济状况恶化时会承受较大压力。国际原油价格下跌对巴林的经济影响较大，不良资产利率达8%，2015年5月，标准普尔公司下调了巴林的信贷评级。

2. 科威特

科威特共有11家在本地注册的银行，其中上市银行10家，另有12家外资银行在科威特开设了分支机构。截至2015年末，科威特上市银行总资产为2,330.5亿美元，比2014年降低了2.5%，以当地货币计算，其总资产增长了3.1%。科威特国民银行（NBK）和科威特金融所（KFH）两家银行的资产之和占据了银行总资产的57%，伊斯兰银行的总资产约867亿美元。2015年，以当地货币计算，科威特上市银行利润同比上涨8.1%。

3. 阿曼

阿曼共有8家上市银行，其中2家为伊斯兰银行。阿曼上市银行总资产从2014年的576亿美元上涨到2015年的681亿美元，同比上涨18.3%，利润同比增长了10.4%。穆斯卡银行是阿曼规模最大的银行，总资产达到325亿美元，比2014年增长了28.9%，占上市银行总资产的47.7%。此外，4家上市银行的股东权益收益率（ROE）从2014年的7.8%下降至2015年的7.6%。

4. 卡塔尔

卡塔尔共有11家本地银行，其中有4家为伊斯兰银行，7家外国银行。卡塔尔上市银行资产规模在海合会国家中排名第二位，在企业贷款激增和政府基础建设热潮的刺激下，卡塔尔上市银行资产从2014年的2,672亿美元上涨到2015年的2,977亿美元，上涨了11%。其中最大银行卡塔尔国民银行（QNB）占据49.6%的市场份额。伊斯兰银行共占总市场份额的23.1%。2015年，卡塔尔上市银行利润上涨4.5%，主要得益于净利息收入。银行贷款主要集中在政府与相关机构，在2022年国际足联世界杯和卡塔尔“2030国家愿景计划”的刺激下，基础设施建设领域的贷款不断增加。此外，卡塔尔上市银行成本收入比率为31.7%，是海合会国家中最低的。

5. 沙特阿拉伯

沙特阿拉伯共有24家商业银行，其中12家上市银行，12家外国银行的分支机构。2015年，沙特阿拉伯继续保持着海合会国家最大的资产规模和最强盈利能力的领先地位，上市银行资产从2014年5,595亿美元增长到2015年的5,782亿美元，上涨了3.3%。其主要增长点来源于企业贷款，占总资产的61.6%。国家商业银行（NCB）在上市银行中市场规模最大，占比20.7%。2015年，上市银行合计利润相比2014年上涨5.3%。资产和权益的增长均快于利润的增长，ROA和ROE均同比下降。各上市银行的资本充足率较为稳定，但在海合会国家中，仅排名倒数第二位。

6. 阿联酋

阿联酋共有49家银行，其中23家国内银行（含8家伊斯兰银行），26家外国银行。2015年，阿联酋前十家上市银行的资产增加了10.8%，利润增长了17.3%，远高于海合会国家平均水平。大多数银行的资本充足率远高于最低监管资本需求。平均存贷较2014年同期略有上涨，不良贷款率同比也有所上涨。

## 第二节　海合会国家证券市场

### 一、海合会国家证券市场基本特征

海合会国家证券市场包括沙特阿拉伯证券交易所（TADAWUL）、迪拜金融市场（DFM）、阿布扎比交易所（ADSM）、马斯喀特证券市场（MSM）、巴林证券交易所（BSE）、卡塔尔股票交易所（QSE）和科威特股票交易所（KSE）。受油价变动及地区敏感事件等影响，海合会国家证券市场经历了危机前的快速增长，危机后的逐渐衰退，到近几年的波动式恢复。从股票指数看，2007 年沙特阿拉伯和科威特股票指数一度高达 11,179 点和 12,588 点，2008 年分别跌至 4,803 点和 7,782 点，在 2015 年又分别达 6,911.76 点和 5,615.12 点。在市值方面，2007 年海合会国家证券市场达到了峰值 11,121.7 亿美元，随后降至 2008 年末的 6,773.9 亿美元，降幅达 46.08%。

（一）总体体量小，单个市场占比较大

按照国际标准，海合会国家证券市场整体体量较小，其 2015 年市值为 9,161.7 亿美元，仅占同期纽约证券交易所市值的 4%。分国别看，沙特阿拉伯证券市场是海合会国家六国中最大的证券市场，市场份额接近 50%，交易额占比超过 80%；阿联酋和卡塔尔紧随其后，但市场份额均未超过 21%。

市场体量过小，导致了投资者选择受限。截至 2015 年末，海合会国家上市公司共有 734 家，单个市场上市公司数目在 42 家（卡塔尔）至 216 家（科威特）之间。而实际在这些上市公司中，能够进行公开交易的只有少数，除沙特阿拉伯和卡塔尔外，其他国家股票市场中仅 50% 的股票可以公开买卖，巴林仅为 20%。

（二）上市公司集中于少数领域

海合会国家证券市场上市公司多集中于基础设施和金融领域，公司间存在较强的相关性。在有限的选择下，个人和机构投资者进行多元化投资较为困难。近年来，海合会国家为平衡部门结构，出台了私有化和多元化政策，预计未来将给投资者提供更大的选择空间。

（三）政府或家族控制

海合会国家证券市场中，政府或者政府主导的部门和家族扮演着特殊的投资者角色。海合会国家证券市场中，近 1/3 的上市公司由政府或者政府资助的投资公司控制。从市值看，政府部门所占股权比重从 13%（科威特）到 35%（沙特阿拉伯）不等，平均为 29%。

有影响的家族作为海合会国家证券市场重要的投资者，以监事会成员的身份控制着公司的运营。28%（迪拜）至 76%（卡塔尔）的上市公司有两个或多个共同的家族作为其监事会成员，20% ~30% 的上市公司监事会成员均为有影响力的家族。

（四）海外投资受限

海合会国家证券市场在不同程度上对外国投资者开放（见表2.5）。

**表2.5　海合会国家对外商投资的限制**

| 国别 | 投资限制 |
| --- | --- |
| 巴林 | 持股上限为49%；单个投资主体持股上限为10%；部分银行和保险公司100%对外资开放；100%对海合会国家开放。 |
| 科威特 | 持股上限为49%，仅限海合会国家。 |
| 阿曼 | 满足一定条件下，持股上限为70%；对海合会其他国家限制标准不一。 |
| 卡塔尔 | 持股上限为25%，仅限海合会国家。 |
| 沙特阿拉伯 | 允许直接投资。 |
| 阿联酋 | 满足一定条件下，持股上限为49%；100%对海合会其他国家机构投资者开放。 |

目前，巴林和沙特阿拉伯开放程度较高。巴林完全对外开放的上市公司有7家，沙特阿拉伯虽然允许外商直接投资，但是仍设定了诸多限制，例如参与直接交易的外资机构投资者资产规模至少为50亿美元，且拥有5年以上投资经验，在单个公司的持股份额最多不能超过49%，单个个人持股份额不得超过5%。此外，有五家沙特阿拉伯上市公司完全禁止外资持股。

## 二、海合会国家主要证券交易市场简介

（一）沙特阿拉伯证券交易所

截至2015年末，沙特阿拉伯证券交易所市值为4,206.56亿美元，上市公司172家，日均成交额13.59亿美元，是海合会国家最大、最活跃的证券市场。

沙特阿拉伯证券交易所成立于1985年，其股票早在1934年便开始非官方交易，于1935年开始官方交易。1935－1985年，参与交易公司的数量日渐增加，但缺乏管理。1985年，沙特阿拉伯货币管理局特别任命12家当地银行机构作为中介机构。1988年，电子交易和结算系统上线运行。

2003 年，沙特阿拉伯资本市场管理局成立，对沙特阿拉伯资本市场运行进行监管。2015 年 6 月 15 日前，沙特阿拉伯证券市场对包括海合会国家在内的外资关闭，外国投资者仅能通过所谓的“参与凭证”和交易型开放式指数基金购买沙特阿拉伯的股票，此后，沙特阿拉伯证券市场开始对外资开放，以期减少市场波动。

（二）阿联酋证券市场

阿联酋有两个官方证券交易市场，分别是阿布扎比证券交易所和迪拜金融市场。截至 2015 年末，阿布扎比证券交易所市值为 1,119.03 亿美元，上市公司有 68 家，日均成交额达 6,990 万美元；迪拜金融市场市值为 838.73 亿美元，上市公司有 59 家，日均交易额达 8,530 万美元。

两家证券交易市场均成立于 2000 年，其上市公司主要分布在银行业、保险业、服务业与工业等领域。阿布扎比证券市场上市公司以大公司为主，投资者可以通过经纪商间接投资阿布扎比证券市场，而迪拜金融市场主要为政府性质的公司服务。两家交易市场由电子网络连接，方便交易者及时获得信息。所有的上市公司和股票代理经纪公司统一由阿联酋证券和商品管理局（Securities & Commodities Authority）负责审查。

（三）马斯喀特证券市场

马斯喀特证券市场（MSM）是阿曼唯一一家证券交易所，2015 年末市值为 409.84 亿美元，上市公司 131 家，日均成交额为 1,860 万美元。

1988 年 6 月 21 日，阿曼皇家法令宣布马斯喀特证券市场成立。1998 年 11 月，阿曼颁布了新的《资本市场法》，将当时格局一分为二，一是马斯喀特证券市场，作为交易所负责上市公司的股票交易；二是资本市场管理局，负责监管。其中交易所是政府部门，在经济和行政上独立于资本市场管理局。

为稳定交易、吸引外资，马斯喀特证券市场对原有清算和结算体系进行了升级，原有结算涉及证券市场、清算和托管公司以及经纪人，现有结算通过有结算保证基金的银行实现。此外，与海合会国家其他国家类似，阿曼不对分红和资本收入征税。

（四）巴林证券交易所

截至 2015 年末，巴林证券交易所市值为 190.92 亿美元，上市公司有

46 家，日均成交额 100 万美元，有商业银行业、投资银行业、投资业、保险业、服务业、工业、酒店业七个交易板块。

1957 年，巴林国家银行首次公开发行股票。1987 年，巴林股票交易所成立，成立之初共有 29 家上市公司。巴林股票交易所由其董事会监管，董事会主席为商务和农业部部长，董事会成员为财政部、巴林货币当局等政府部门。1999 年的 Amiri 法令允许其证券市场对外国投资者开放，其中海合会国家的居民可以持股达 100%，非海合会国家居民持股上限为 49%，部分商业机构允许外国人 100% 持股。2010 年，巴林交易所（Bahrain Bourse，BHB）取代了巴林股票交易所。

（五）卡塔尔证券市场

多哈证券交易所是卡塔尔唯一的证券市场，截至 2015 年，其市值为 1,518.92 亿美元，上市公司有 42 家，日均成交额达 7,590 万美元。

多哈证券交易所于 1997 年建成运营。2002 年，随着电子清算与结算中心的成立，股票交易正式电子化。所有交易活动均须通过官方授权的经纪中介开展。

为鼓励外资进入，多哈交易所于 2005 年 4 月向外国投资者全面开放，任何人可凭身份证明通过经纪公司在交易所开户进行股票交易。但外国人只能参与二级市场买卖，不能进入一级市场。

（六）科威特股票交易所

截至 2015 年末，科威特证券交易所市值为 877.67 亿美元，上市公司有 216 家，日均成交额 4,130 万美元，是波斯湾地区最大的股票交易中心，也是世界上颇具潜力的证券市场之一，其在推动科威特产业结构调整和升级方面发挥着重要作用。

1952 年，科威特开始进行证券交易。同年成立了首家公众持股公司（科威特国家银行）。1983 年科威特股票交易所成立，由工商部、财政部和中央银行共同监管。1990 年 8 月，伊拉克入侵后，科威特股票交易所关闭，直至 1992 年 9 月才重新开放。1995 年，电子交易和结算系统的上线，使证券交易更加高效。2000 年，海合会区域内投资者被允许进入科威特股票市场，而非海合会国家外商不允许直接投资科威特股票，只可通过共同基金间接投资。当前科威特股市分为以下行业：银行业、投资业、保险业、房地产业、工业、服务业、食品业及非科威特公司。

## 三、沙特阿拉伯证券市场

### （一）沙特阿拉伯金融市场

沙特阿拉伯拥有完善的债权和股权融资体系，各类大中小型企业均可通过金融市场筹集资金，投资者也可选择适当的投资渠道。

1. 债权融资方面

债务资金主要由银行业金融机构和贷款机构提供。在沙特阿拉伯，各类银行业金融机构和贷款组织拥有 1.1 万亿美元的强大资产基础，资金十分充足。沙特阿拉伯现有 24 家商业银行和 5 家贷款机构。

2. 股权融资方面

大企业通常采用股权方式进行融资，通过在沙特阿拉伯证券交易所股票市场发行股票筹集资金。截至 2015 年 7 月，沙特阿拉伯证券交易所上市公司达 173 家，股票总市值为 4,645 亿美元，分属石油化工、银行、保险、零售等行业。

3. 其他融资方式

除通过银行业金融机构、贷款机构和证券交易所筹集资金外，企业还可通过各种投资基金（如 REITs）筹集资金。截至 2015 年 7 月，沙特阿拉伯的共同基金总值约为 290 亿美元。这些基金以目标投资者为受众，按回报期限和投资收益分类。

企业资金来源多样化有助于金融系统的安全稳定，建立多元化资本市场有助于整个经济稳健发展。下面主要介绍沙特阿拉伯证券市场的基本情况。

### （二）沙特阿拉伯证券市场

1. 沙特阿拉伯证券管理机构和沙特阿拉伯证券交易所

资本市场管理局是沙特阿拉伯证券市场的管理机构，该机构成立于 2003 年，其主要职能是依法监督和管理证券市场，以增加投资者信心，维护其合法权益。CMA 有权颁发许可证，授权金融机构发行、转让、清算、结算和存管证券。沙特阿拉伯最主要的证券交易场所是沙特阿拉伯证券交易所。沙特阿拉伯证券交易所最具影响力的股票是银行股、石油化工股和保险股，2015 年这些股票占总交易额的 48.95%。

2. 沙特阿拉伯证券市场的特点

（1）沙特阿拉伯证券交易所股票指数受油价影响较为明显。2015 年 7 ~ 8 月，因油价下跌其股票指数下降 15.1%，2015 年前三个季度，由于石油化工等相关行业利润下降，沙特阿拉伯证券交易所上市公司（不包括上市保险公司）净收入总额同比下降 15%。2016 - 2017 年，沙特阿拉伯计划投资 470 亿美元用于推动石化产品的多元化，即更专注于高端专业石油化工板块，以减弱油价波动对经济的冲击。此外，油价下跌会导致外国投资者撤资，进而引起股市波动。2015 年 6 月，沙特阿拉伯证券交易所对外商开放。

（2）从长期来看，随着人口的增长和年轻化，全社会对产品和服务的需求增加，将为沙特阿拉伯经济提供强大的增长动力，从而有利于证券市场的发展。截至 2015 年第一季度，沙特阿拉伯人口为 3,100 万，年增长率为 2.5%，25 岁以下占比 50%。其人口增长率和人口结构将对经济整体产生积极影响，从而对证券市场不同行业的上市公司产生传导效应，使证券市场拥有更为可观的长期回报。得益于人口红利，上市银行利润增长强劲，银行股的股票收益率和股票指数值均有所提高，相关行业股指在 2015 年第三季度均呈现正增长。其中，银行业增长 4.3%，零售业增长 1.3%，能源行业增长 8.9%，多元投资业增长 5.2%。能源、公用事业、银行业、医疗保健业和酒店业的股票收益预计中短期表现良好。

（3）沙特阿拉伯证券交易所开放程度将逐步提高，其对证券市场的影响不容忽视。沙特阿拉伯证券交易所向外国投资者开放后，合格境外机构投资者的投资份额为 0.01%。虽然这只是整个股市交易活动的很小一部分，但仍然可以看出境外投资者对沙特阿拉伯证券交易所作出了积极反应，很多境外机构投资者开始分析沙特阿拉伯证券交易所的新框架，对沙特阿拉伯证券交易所市场投资信心显著增强，预计境外投资将显著增加。摩根士丹利资本国际公司将沙特阿拉伯证券交易列入可能归类为新兴市场的观察名单，并有望在2018年将其纳入新兴市场指数（MSCI EM）。考虑到国际投资者可能的投机行为，CMA对合格境外投资者（QF II）投资股票市场进行了限制。开放的证券市场会提高证券价格对汇率变动的敏感性，并促进证券市场健康发展。具体表现为有利于吸引外资，有利于提高资金配置效率，有利于优化上市公司治理结构，有利于提高上市公司的信息透明度。

（4）外汇波动对外贸依存度高的公司股份影响较大。2015年以来，受中短期外汇冲击影响，外贸依存度高的公司股票价格出现低迷。2015年6月，沙特阿拉伯证券交易所在沙特阿拉伯资本市场管理局的监管下开始允许外商直接投资，外汇流入量增加有利于维持本币币值稳定。

3. 沙特阿拉伯投资机构应对冲击的方法

沙特阿拉伯投资机构应对冲击的方法是以证券组合的方式创建股票库存篮子，以防止因油价波动导致股票资产大幅波动。例如，2015年第四季度，阿拉吉资本已经形成了一个防御型非循环的投资组合，该组合包括电信业、医疗保健业和零售业等行业的股票，可以减少周期性和季节性因素对资产价值的影响。2015年第三季度末，国际油价同比下跌50%，而同期沙特阿拉伯证券交易所的业绩仅下滑17%。2015年第三季度以来，沙特阿拉伯证券交易所业绩下降主要是由于油价下跌外的因素引起。比如，中国等新兴经济体的股市因2015年第一季度以来全球消费市场疲软而表现低迷，而这些新兴经济体与沙特阿拉伯经济来往密切，进而导致沙特阿拉伯证券交易所业绩的下滑。

（三）沙特阿拉伯证券市场的国际比较

1. 股票指数虽有下跌，但股票收益率高于美国

2013－2014年，由于沙特阿拉伯股票指数下降9%，沙特阿拉伯证券交易所股息率从3.6%下降至3.3%，但股票收益率仍高于美国。考虑到稳定性、流动性和市场规模，沙特阿拉伯证券交易所仍然是一个很有吸引力的投资场所。

2. 从全球来看，沙特阿拉伯证券交易所股票市盈率处于较低水平

沙特阿拉伯证券交易所股票的平均市盈率为14.2，全球平均市盈率水平为12～20。一方面较低的市盈率表示投资收益更具吸引力；另一方面，

这种吸引力很可能转化为投机导致股市泡沫。

3. 与海合会其他国家相比，沙特阿拉伯证券市场除国内经济快速增长这一优势外，低风险和高信用也作为一大优势吸引投资者

低通胀、稳定的外汇储备以及资本充足的银行体系支持了沙特阿拉伯企业健康发展和投资增加，进而形成了一个安全稳健的金融市场。沙特阿拉伯金融业的高流动性、财政稳定源于以下因素：一是主要金融市场吸纳的流动性占流动性总额的比重高达55%；二是海合会国家成员日均股票交易量最高为14亿美元。虽然低油价和2015年下半年投资者信心的下降导致股票交易量下降，但摩根士丹利资本国家公司将沙特阿拉伯证券交易所列入可能归类为新兴市场的观察名单，并有望在2018年将其纳入MSCI新兴市场指数，这将提升沙特阿拉伯证券交易所的信誉，吸引长期投资；三是沙特阿拉伯证券市场管理着海合会国家最大的资产；四是尽管油价下跌，沙特阿拉伯证券交易所市值仍在海合会国家占比最大；五是2015年第二季度，沙特阿拉伯在海合会国家IPO数量最多，占海合会国家的75%，沙特阿拉伯通过IPO筹集10亿美元资金，占海合会国家总额的87%。

## 第三节　海合会国家保险业

### 一、海合会国家保险业概览

2010年以来，海合会国家保险业保持稳步增长。2014年，海合会国家总保费达到222亿美元，相比2010年的133亿美元增长了近一倍，年度复合增长率达到13.8%。阿联酋和沙特阿拉伯保险市场是海合会国家最重要的两个保险市场，2014年两国总保费占海合会国家总保费的70%以上。卡塔尔保险市场是海合会国家中发展最快的，2010－2014年，卡塔尔总保费复合增长率为22.4%。承办2022年世界杯足球赛、铁路相关的基础设施和建筑部门的发展，以及政府对非石油部门的投资是卡塔尔保险业快速增长的主要驱动因素。在同一时期，得益于医疗和汽车保险等强制性保险产品需求上升，沙特阿拉伯的总保费复合年增长率超过16.0%。

海合会国家保险业发展前景较好。人口增长和地区居民可支配收入的增加对其发展相对有利。此外，正在实施的监管改革也将进一步支持保险业的发展，完善清偿法律制度、增强透明度、加强保险公司投资管理等方面均是其改革的重点。

（一）发展特征

1. 海合会国家的保险渗透率非常低

2014 年，海合会国家保险渗透率仅为 1.4%，几乎是全球平均水平的 1/5，是新兴市场水平的一半。分国别来看，阿联酋保险渗透率最高，达 2.3%，科威特最低，只有 0.6%。随着海合会国家保险市场发展速度超过该地区 GDP 增长速度，海合会国家保险市场发展与世界平均水平的差距有望逐渐缩小（见图 2.1）。

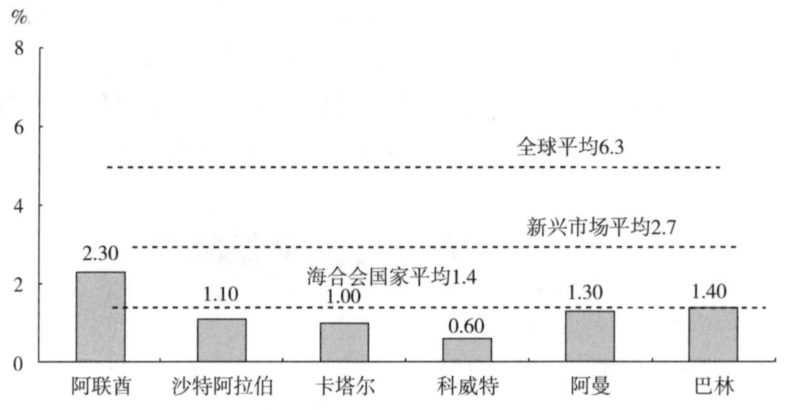


**图 2.1　海合会国家的保险渗透率（2014 年）**

2. 海合会国家保险密度差异较大

保险密度是按本国人口计算的人均保险费额，反映一国国民参加保险的程度以及国民经济和保险业发展水平。海合会国家的保险密度因人均国内生产总值变化而显著变化。2014 年，海合会国家的保险密度为 433 美元，比上年增长 11.5%，寿险密度上升至 58 美元，非寿险密度上升至 375 美元。从国别来看，阿联酋和卡塔尔的保险密度较高，且高于全球水平，沙特阿拉伯、科威特和阿曼的保险密度较低，且显著低于全球水平（见图 2.2）。

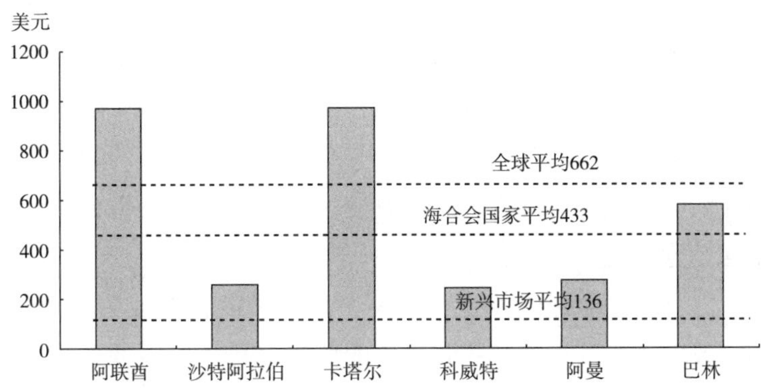


**图 2.2 海合会国家的保险密度（2014 年）**

3. 寿险和非寿险发展情况

2014 年，海合会国家寿险保费收入增长 12.3%，达 30 亿美元。2010－2014 年，海合会国家寿险总承保费复合年度增长率达 13.1%。但寿险业务总承保费贡献率在 2010－2014 年停滞在约 13.5%。[1] 就各成员来看，阿联酋的寿险渗透率最高，但与较发达的亚洲经济体相比，仍不够充分。2014 年，外籍人士和中产阶级人数不断增长的需求推动阿联酋寿险总承保费增长 14.9%。在沙特阿拉伯，2014 年寿险总承保费仅上升 7.1%，增长率连续四年下降。

非寿险业务仍然是海合会国家区域保险行业的主要组成部分。2010－2014 年，海合会国家非寿险总承保费复合年度增长率达 13.8%，对保险总承保费持续贡献超过 85%。非寿险总承保费的增长主要来源于强制性保险业务增长。就各国情况来看，卡塔尔的非寿险总承保费在过去五年中增长显著（复合年增长率为 23.4%），其次是阿曼（复合增长率为 14.6%）。在沙特阿拉伯，由于相对稳定的经济环境和最近推出的强制保险的增长，非寿险承保费在 2014 年增长 18%。在阿联酋，由于医疗保险保费增长强劲，非寿险保费在 2014 年增长 12.8%，成为该国增长最快的业务种类。阿曼、卡塔尔和巴林等海合会国家的非寿险业务也保持较快增长。

（二）小结

受人口增长和可支配收入增加等因素驱动，海合会国家的保险需求上

1 资料来源：“World Insurance in 2014”，Swiss Re，June 2015。

升。此外，较低的保险渗透率和大量外籍工人使该地区保险业更具吸引力。海合会国家的非石油部门支出越来越多，投资企业需要为其项目和设备寻求保障，这对保险业非常有利。医疗、运动等强制性保险是保险业内部增长最快的险种，伊斯兰保险是一个具有显著增长潜力的新兴领域。但该地区的保险公司也需要进行必要的改变，充分利用发展机会在不断变化的行业中保持竞争力。

目前，海合会国家保险业正在从一个被保护的行业变为竞争性行业。海合会国家政府逐渐认识到有效和严格的监管对行业发展的重要性。沙特阿拉伯、阿联酋和卡塔尔正在推动保险业监管改革。政府正在评估偿付指令、公司治理和资本监管在内的一系列新规。海合会国家的保险公司需要进行必要的改变，以抓住时机保持竞争力。

## 二、海合会国家主要保险市场

### （一）阿联酋保险市场

阿联酋是海合会国家最大和最先进的保险市场。由于稳定的经济和正在推动的改革措施，阿联酋保险业 2010 - 2014 年年均复合增长率达到 11%，总承保费占 2014 年海合会国家总承保费的 40.9%（见图 2.3）。

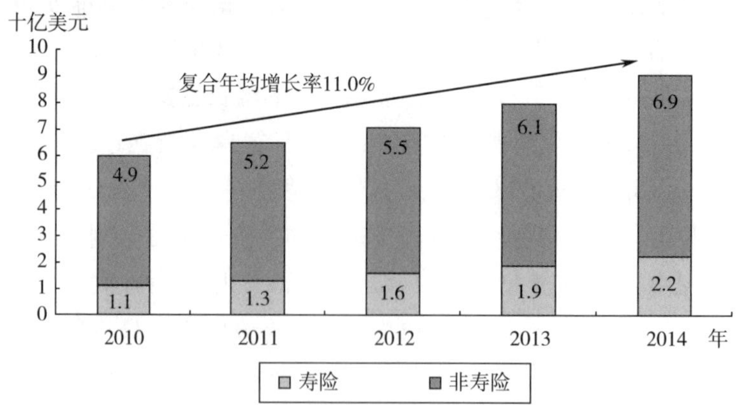


资料来源：Swiss Re。

**图 2.3　阿联酋保险业构成（2010 - 2014 年）**

2014 年，阿联酋寿险总承保费达 22 亿美元，2010 年以来的复合年均增长率为 19%，寿险密度达 237 美元。2014 年，阿联酋非寿险总承保费达 69 亿美元，占其总承保费的 75.8%。2010 年以来，复合年均增长率为 8.9%，非寿险密度达 742 美元。像其他海合会国家一样，阿联酋也提供社会保障，这减少了本国国民对寿险的需求，寿险部门的增长主要依赖于富裕的外籍人士。阿联酋的外籍人士更愿意从在阿联酋经营的母国公司购买保险，因此外国保险公司占阿联酋寿险部门 81.4% 的份额，本国保险公司份额仅为 18.6%。阿联酋通过法律规定了一些强制保险，并且未来强制保险可能会继续增加。阿联酋最大城市迪拜在 2014 年实行了新的医疗保险法，推出针对居民和游客的强制医疗保险，并预计在 2016 年覆盖到迪拜所有居民，医疗保险市场中的受保人数也将从 150 万人增加至 400 万人。

截至 2014 年，阿联酋市场共有 60 家保险公司，34 家为本国公司，26 家为外资公司。其中提供非寿险服务的 37 家，提供寿险服务的 10 家，另有 13 家复合保险公司提供两种保险业务。阿联酋还有专营伊斯兰保险的公司 11 家。从经营情况看，2014 年阿联酋 29 家上市保险公司的净承保费为负，平均股本回报率为 5.6%。由于在医疗保险和运输保险市场上竞争激烈，阿联酋上市保险公司综合净利润从 2013 年的 3.23 亿美元下降为 2014 年的 2.39 亿美元。

为恢复行业盈利能力和应对面临的挑战，阿联酋保险管理局正不断努力修改相关法律。该国新保险法规体现了基于风险原则管理市场的趋势。2015 年初发布的新法规适用于在阿联酋运营的传统和伊斯兰保险公司。新的财务政策符合阿联酋保险管理局 2013 年 12 月发布的《组合法规草案》，该草案规定了投资限额、资本、偿付能力、技术条款、记录保存及会计要求等监管要求。阿联酋管理局还在制定银行保险和精算行业条例，修订保险管理局成立法和汽车保险政策。该国管理局认为这些规定是发展本国保险业、保护投保人和股东权利的重要一步。这些法规将带来更大的市场透明度，也标志着阿联酋保险监管进入新时代。

### （二）沙特阿拉伯保险市场

沙特阿拉伯是海合会国家的第二大保险业市场。沙特阿拉伯严格的法规和有利的人口是保险业发展的主要驱动因素。2010 年以来，沙特阿拉伯保险业总承保费年均复合增长率为 16.8%，2014 年总承保费达 81 亿美元，整体保险渗透率为 1.1%，保险密度为 264 美元，低于海合会国家的平均值 433 美元。

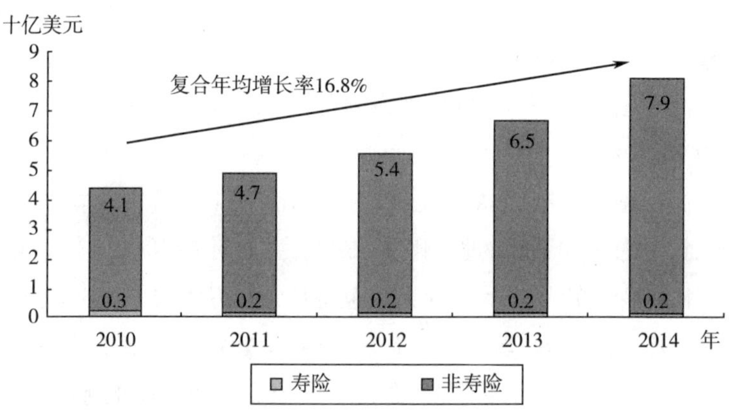


资料来源：Swiss Re。

**图 2.4 沙特阿拉伯保险业构成（2010－2014 年）**

沙特阿拉伯的寿险渗透率在海合会国家中位居最低，从 2010 年的 0.05% 降至 2014 年的 0.03%。主要是因为沙特阿拉伯政府提供优厚的社会保障福利，沙特阿拉伯家族联系紧密，国民普遍缺乏保险意识。非寿险部门是沙特阿拉伯保险业增长的主要动力，2014 年非寿险部门对沙特阿拉伯总承保费的贡献为 97%。非寿险密度达到 256 美元，保险渗透率为 1.1%，虽高于寿险部门，但仍低于海合会国家的平均值 1.4%。非寿险业务中增长最快的是法律强制规定的医疗和汽车保险等产品，这两类产品在 2014 年度占到总承保费的 75% 以上。

截至 2014 年，沙特阿拉伯有 35 家保险公司，其中有一家是再保险公司。Tawuniya，Bupa Arabia 和 MedGulf 是沙特阿拉伯的三大保险公司。2014 年，这三大保险公司的总承保费合计占全国总承保费的 54.0%。沙特阿拉伯保险业对再保险市场的依赖性较低，持有率为 79.8%。2014 年沙特阿拉伯保险行业的净利润为 2 亿美元，而 2013 年净损失 10 亿美元。

沙特阿拉伯中央银行分别于2001年和2006年引入强制性第三方汽车和医疗保险。2014年，沙特阿拉伯引入了另一项针对高风险设施、建筑设施以及当局定义的拥挤场所的强制性保险。监管机构还宣布计划对在住宅区进行危险活动的主体实行强制性第三方责任险。沙特阿拉伯中央银行同时发布了几个与承保实践、保险持有、精算基准定价及偿付能力要求相关的指引和规定。新实施的精算主导的储备金制度建议保险经营公司在精算基础上计算其储备金，还呼吁精算师在确定价格时采用适当的技术标准，旨在提高储备充足率，并为保险公司在价格设定方面提供基准，预期将有利于整个行业发展。根据此类要求，八家保险公司在2014年重新进行了资本化运作，使整体行业股本增长近14.0%，达27亿美元。另外，作为以更高标准治理本国保险业的第一步，2014年6月沙特阿拉伯中央银行发布《保险公司治理条例草案》。该草案要求保险公司建立内部控制制度和程序，监测对条例及其他相关法规的遵守情况，并对相关情况进行充分记录以证明对条例和法规的遵守情况。为避免各法律条款实施间冲突，监管机构也在加强其与合作医疗保险委员会之间的协调，以提高运营效率，促进保险市场稳定性。

## 三、海合会国家保险业增长驱动因素和面临的挑战

### （一）增长驱动因素

1. 有利的人口增长趋势

人口是保险需求的决定性因素。过去几年里海合会国家人口增长强劲，2010－2014年，人口复合年均增长率为3.2%，总人口达5,130万人。人口增长导致投保基础不断扩大，有利于保险业发展。海合会国家人口构成有两大关键特点，分别是大量外籍人士和大量年轻劳动者。这两者都会对寿险和非寿险部门对长期储蓄计划产品的需求产生重大影响。一是海合会大多数国家都要求对外籍人员提供强制性医疗保险，意味着越来越多的外籍人口对保险业的需求更高。二是海合会国家56.3%的人口年龄为25～64岁，年轻劳动力所占比例比较大也是保险业发展的有利因素之一（见表2.6）。

表 2.6　海合会国家人口构成　　单位:%

| 占比 | 巴林 | 科威特 | 阿曼 | 卡塔尔 | 沙特阿拉伯 | 阿联酋 |
|---|---|---|---|---|---|---|
| 本国人口 | 49 | 32 | 57 | 14 | 68 | 12 |
| 外籍人口 | 51 | 68 | 43 | 86 | 32 | 88 |

2. 由基础设施发展驱动的 GDP 前景

保险业与经济前景高度相关。稳定的经济形势和现金储备支持着海合会国家的经济增长，同时有利于经济多样化和基础设施的长期发展。尽管石油价格呈下降趋势，但海合会国家区域的 GDP 预计仍将以 2.3% 的复合年均增长率增长。海合会国家在实施其经济多样化的战略方面进展迅猛，增加了如制造业和服务业等非石油部门活动，这为保险公司提供了重要的机会。阿联酋和卡塔尔均有强大的基础设施扩建项目，如 2020 年迪拜世界博览会，2022 年世界杯足球赛，伊蒂哈德铁路和卡塔尔铁路项目。此外，沙特阿拉伯政府也计划于 2015 – 2019 年进行大约 1,800 亿美元的运输基础设施项目。

3. 监管改革促进增长

过去几年，大多海合会国家进行了诸多旨在推动保险业发展的监管改革，在最低资本要求、储备金计算、内部审计和报告要求等领域出台了几项新规定。这些规定要求保险公司必须保存充分的记录以证明公司合规经营。例如，沙特阿拉伯中央银行制定了医疗保险和汽车第三方责任险，在 2013 年推出了基于审慎精算模型的储备金政策，促进了该国保险行业的增长。同样，如阿联酋和卡塔尔等其他国家也因新的监管改革带来行业增长。监管改革对行业操作严格性的要求也为保险业内潜在的兼并活动铺平了道路。

4. 医疗保险需求

近年来，海合会国家的医疗保险费呈双位数增长，基于该地区人口医疗需求的驱动，这种增长趋势将得以继续。2013 年，海合会国家卫生保健市场规模约为 400 亿美元。由于人口增长强劲，收入水平提高，该地区的医疗保健消费激增，预计将以 12.1% 的年增长率发展，到 2018 年达近 700 亿美元。医疗保健行业的强劲增长加上各国法律强制性医疗保险，均有利于保险业的发展。

5. 伊斯兰保险业

海合会国家伊斯兰保险业正受到全球伊斯兰银行和金融部门积极的推动。近年来，世界各地伊斯兰银行资产的双位数增长导致全球伊斯兰保险市场得以扩张。2014 年，全球伊斯兰保险业增长率达 14.0%，预计到 2017 年将超过 200 亿美元。全球伊斯兰保险市场的良好发展态势将会带动海合会国家保险业的发展。海合会国家伊斯兰保险市场也因其关键市场保险渗透率低（不到 2%）而存在强劲的增长潜力。海合会国家的伊斯兰保险业预计在未来五年会继续增长，但增长程度也取决于海合会国家的经济表现。

6. 小微型保险业的增长潜力

目前，海合会国家的小微型保险发展相对较弱。考虑到其低渗透率和政府鼓励政策，小微型保险需求可能会有所增加。该地区快速增长的中小型企业为保险公司提供了重要机会。一般来说，这些公司由更年轻、更具创业精神的一代人经营。与同行相比，更倾向于将保险作为一种保护其资产的手段。此外，大量工人也有望创造小微型保险需求。

（二）面临的挑战

1. 油价波动

石油和天然气是海合会国家的支柱部门，石油和天然气部门所创造的 GDP 占比均达 80% ~85%。此外，石油和天然气部门的收入还对医疗保健、教育、基础设施和旅游业等非石油行业的发展具有积极影响。海合会国家政府利用石油收入推出基础设施和其他发展项目，其成为海合会国家保险业增长的主要驱动因素。然而，2014 年中期以来，北美页岩油的大规模开采导致全球石油供给过剩，石油价格大幅下跌可能会减缓海合会国家经济发展的速度。未来，海合会国家可能不得不缩减财政支出规模，削减基础设施建设项目，进而影响保险业的发展。沙特阿拉伯和阿联酋正在努力建立强大的货币储备以抵抗油价下跌，但在其他海合会国家，低油价的影响将会更显著，一些大型项目可能会被搁置或放弃。这可能会导致保险公司的业务发展减缓，股票等投资回报降低。

2. 保险产品认可度较低和保险意识缺乏

海合会国家国民主要依靠家庭或国家资源作为医疗和养老保障，抑制了对寿险产品的需求。此外，由于社会宗教信仰，常规寿险产品也尚未在海合会国家国民中得到认可。过去几年，海合会国家保险业的增长主要是由于一些成员法律强制要求居民购买某些类型的保险（如医疗和汽车保险）。海合会国家国民购买保险是为履行法律要求的义务，而不是作为一种规避风险的工具。因此，尽管人均收入很高，但海合会国家的保险普及程度要低于发达国家。与成熟市场相比，家庭保险在该地区的渗透率较低，例如阿联酋只有6%的居民持有家庭保险，在英国该比例大约为76%。

3. 低水平的客户信任

根据2014年安永会计师事务所对沙特阿拉伯和阿联酋541名消费者的保险调查，两国的消费者和保险公司之间的信任水平低于超市、银行和制药公司。调查显示，阿联酋和沙特阿拉伯的消费者分别有32%和49%可能在未来一年内改变投保公司，而全球平均水平为23%。目前，海合会国家的保险公司更注重吸引新客户，较少关注它们的服务质量和客户保留。消费者也倾向于在合同期满时改变投保公司。

4. 激烈的市场竞争

由于一些地方和国际公司的存在，海合会国家的保险业竞争非常激烈。虽然近年来新的保险公司进入市场的速度已放缓，但该行业，特别是在汽车和医疗保险部门，竞争激烈程度继续增加。一般来说，各海合会国家国内顶级保险公司保费规模占该国总保费的60%~70%，其他较小的公司竞争剩余的份额。国际保险公司的进入加剧了该地区的竞争。在激烈的市场竞争下，一些保险公司开始实施价格竞争，即根据竞争对手的产品价格确定其保费，而非基于承保风险。这种模式导致近年来海合会国家大多数保险公司的利润下降。为解决这种状况，大多数海合会成员进行了监管改革，如引入最低资本要求和基于精算模型的储备金政策。不过严格遵守新法规也会使保险公司产生额外的监控、管理和报告成本。

5. 缺乏统一的规定

海合会国家保险条例内容差异较大。例如，阿联酋要求所有保险公司需符合固定的最低资本水平，而巴林则对保险公司进行基于风险的偿付能力测试。此外，阿联酋已经通过了关于保险公司对各种资产投资分配的规定，而在其他海合会国家中并没有此类规定。海合会国家监管机构努力在该地区形成一致的监管框架，这有助于各国的保险立法符合全球通行的规定，促进行业进一步发展。大多数海合会国家已积极修改了保险法规条例，以解决缺乏偿付能力相关制度、最低资本要求不足、缺乏透明度等问题。但由于全球保险行业正在经历从传统的储备和资本监管过渡到基于风险原则监管的变化，因此海合会国家监管机构将面临更多挑战。

6. 高风险资产

海合会国家的低利率环境使相对无风险的资产带来的回报较低（如苏库克和常规债券），海合会国家保险公司的投资更倾向于股票和房地产这些风险资产。这类资产的投资收益易受市场变动和经济衰退的影响，比如房地产资产通常以波动的市场价值来记录，对保险公司的资产负债表造成极大的不稳定。为抵消过度依赖高风险资产风险，减轻由此带来的收入波动风险并改善保险公司资产质量，2015 年 2 月阿联酋推出一项监管措施，限制保险公司对特定高风险资产（包括股票和房地产）的投资。

7. 企业并购停滞

海合会国家各成员的保险监管机构都认为企业整合是提高行业整体盈利能力和缓解竞争的方法。由于经营者较容易通过再资本化和增发股票等方式获得融资，海合会国家保险业内的并购基本停滞。例如尽管过去两三年沙特阿拉伯保险业内财务表现不佳，但没有保险公司正式向沙特阿拉伯中央银行申请批准任何形式的并购。一方面，在海合会国家，由于大多数是家族企业，因此其很少考虑并购。许多家族企业也反对在资本市场融资，因为发行股票要求改变公司治理结构，可能会减弱家族影响力。另一方面，飙升的估值和有限的市场份额也阻碍了行业的整合。由于市场份额有限，对顶级保险公司来说一般中小公司的估值不具有吸引力，行业内的合并不大可能。

8. 缺乏本地人才

海合会国家保险业严重缺乏当地人才，特别是中层管理人员。首先，政府提供的工作薪资丰厚更具吸引力，行业中的雇主面临来自政府工作的激烈竞争。其次，由于海合会国家的大学提供的保险课程有限，掌握专业技能的本地人才也较少。考虑到保险相关研究（主要与精算研究相关）的复杂性，海合会国家国民更喜欢选择其他领域就业。因此，保险公司承销、定价、风险管理和产品开发等领域越来越依赖外籍人士。最后，该地区的保险公司常试图挖走竞争对手的重要员工，这使保险公司因为更高的招聘成本和工资费用而面临管理费用进一步增加的情况，也导致了保险行业更高的损耗率，对保险公司承保能力和风险承受能力带来不利影响。

## 四、展望

尽管充满挑战，海合会国家保险业的复合年均增长率仍保持着高速增长，大多数海合会国家的国民保险意识有所提高，监管出现有利变化。随着政府在基础设施方面的支出以及该地区保险渗透水平的逐步提高，海合会国家保险行业预计在未来一段时间内仍会继续增长。不过，油价持续低迷可能在短期内对海合会国家的 GDP 产生一定压力，给其保险行业增长带来挑战。因此，对海合会国家保险业近中期的前景可以作出谨慎乐观的展望。

### （一）总体发展情况预测

考虑到当前石油价格波动风险，根据地区人口和经济发展状况，预计到 2020 年海合会国家总保费规模将达 490 亿美元。寿险行业前景稳定，非寿险行业增长强劲。海合会国家寿险的低渗透率和国民保险意识的逐步提高将有助于推动寿险需求的增加。高比例的劳动年龄人口也增加了对储蓄、保障和养老保险等非寿险产品的需求，更多人接受符合伊斯兰教法的产品如家庭伊斯兰保险，这些因素都将有助于海合会国家保险业的增长。海合会国家多国政府实施或延长强制医疗保险法规，为非寿险业务提供了强有力的增长动力。非寿险业务预计将以每年 20.7% 的速度增长，营收总额占全行业的比例预计到 2020 年将达到 93.3%。海合会国家的整体保险渗透率预计将从 2014 年的 1.4% 提高到 2020 年的 3.3%，其中非寿险渗透率可能从 1.2% 上升至 3.1%。

从各成员发展情况看，沙特阿拉伯基于其人口优势与有利于行业发展的严格法律制度，该国保险业在近中期预计会保持强劲增长，总营收在2020年预计将达海合会国家总额的50%以上，保持海合会国家保险业主导地位。阿联酋很可能从领先地位转变成为该地区第二大市场，市场份额预计将从2014年的41.0%下降至2020年的31.2%。卡塔尔预计将保持第三位的位置，到2020年市场份额约为10%。科威特保险业由于其宏观经济形势，增长速度预计为5.8%，增长率为海合会国家中最低。阿曼保险业虽然规模较小，但预计会实现两位数的增长。

（二）若干发展趋势

1. 国际保险公司将进一步增多

海合会国家保险市场的巨大潜力吸引着国际保险公司的积极参与。海合会国家保险业发展空间较大，风险较低是吸引外国保险公司进入的主要因素。此外，高速增长的外籍人口大多倾向于购买其本国公司提供的保险产品，这进一步吸引外国保险公司进入海合会国家。国际保险公司通常通过持有当地公司的少数股权与当地公司建立合资企业或设立子公司等方式在海合会国家开展业务。未来海合会国家可能会有更多的国际保险公司进入，这些国际保险公司可能面临来自本地区保险公司的激烈竞争。国际保险公司具备的关键竞争优势包括技术专长、卓越的财务实力、多样的产品组合、长期的客户服务经验和成熟的分销技术。同时，由于具备提供特殊产品如专业赔偿保险的能力，国际保险公司已成为该地区商业保险的首选。

2. 针对并购的监管变化

在过去几年中，大多数海合会国家都通过制定条例鼓励国内保险公司开展并购，做大做强。沙特阿拉伯中央银行宣布有关定价和偿付能力的严格监管要求；阿曼中央银行将保险公司的最低实缴资本额增加一倍，达到1,000万美元；阿联酋保险业也出台新规定提出了更高的经纪人资本要求和更严格的公司资产负债管理要求。除了严格的最低资本要求，各国在保险行业准入上也有不同程度的限制规定。此类政策促使任何有意进入该市场的经营者都需要通过并购方式。

3. 针对企业风险管理机制的关注

虽然企业风险管理在海合会国家仍处于起步阶段，但一些保险公司意识到需要通过强大的企业风险管理机制来实现长期可持续发展。监管环境的变化与信用评级机构的压力正推动该地区的保险公司开发强大的风险管理系统。信用评级机构要求保险公司建立企业风险管理系统以满足合规要求。在海合会国家，保险公司对于企业风险管理机制作为商业驱动因素的认识有所提高，大多数保险公司认为有必要加强其整体风险管理系统。风险管理机制需要在运营层面实施，并融入保险公司的日常经营中。根据2015年4月进行的一项调查，目前阿联酋和沙特阿拉伯的大多数保险公司都在进行计算和报告风险管理指标。

4. 银行保险的出现

银行保险在海合会国家仍处于初期阶段，只有1%～2%的渗透率，而在成熟市场为8%～15%。尽管代理商和经纪人仍然是海合会国家保险公司的主要分销渠道，但在过去几年，海合会国家银行保险的使用有所增加。在海合会国家，外国保险公司和跨国银行率先开展银行保险业务。目前当地保险公司也将银行保险作为访问其银行合作伙伴维护的大型客户群的一种方式。同时，银行保险也为银行开辟了额外的收入来源，提高了银行的竞争力。

5. 向数字化和定制化迈进

定制正成为提高品牌知名度、应对竞争的工具，而整个保险行业的数字化正受到诸如客户偏好改变、竞争程度高、云计算应用、移动技术发展、分析和采用社交媒体等因素的有力推动。相对于其他行业，传统保险公司很少采用数字工具和商业模式，然而年轻一代消费者要求传统保险公司提供复杂的服务。因此，保险公司面临着升级系统和实现数字化的需要。尤其是在汽车、医疗和终身寿险等领域，强大的数据分析和预测建模也有助于保险公司识别新的机会，优化偿付结果，减少索赔欺诈。该地区保险业的另一个新兴趋势是定制适合个人需求的保险解决方案，通过这种定制来应对竞争，通过新的模式和方法带来市场的变化，并以此提高品牌知名度。

6. 强调基于风险原则的定价模型

海合会国家监管当局正在采取各项措施完善制度，为基础设施和建立符合国际标准的监管环境提供必要的支持，使该地区成为全球金融中心。2014年末，阿联酋保险管理局发布了新的金融法规，要求所有保险公司均具备一种基于风险原则的偿付能力标准化模板，其中包括资本计算、建立风险管理功能以及结构化的投资组合等内容。沙特阿拉伯中央银行要求保险公司采用基于风险的定价机制。这些新规都将对保险行业产生长期的积极影响。

7. 外部机构的信用评级

保险公司旨在通过从外部机构获得信用评级来提高与第三方的议价能力。近年来，海合会国家的几家大型保险公司都从全球信用评级机构如标准普尔、穆迪等获得评分。外部机构的评级为保险公司提供了与第三方（包括再保险公司、银行和潜在收购方）进行谈判的更大话语权。不过，由于评级通常要求保险公司提供清晰明了的业务计划、投资战略和风险管理战略等，而中小型保险公司没有足够的资源来满足其要求，进而使缺乏第三方评级的中小型公司在议价能力方面弱于该地区大型保险公司。

# 第四节　海合会国家伊斯兰金融业

## 一、海合会国家伊斯兰银行

### （一）伊斯兰银行

伊斯兰银行的基本原则主要包括以下六个方面：一是禁止重利（例如，收取利息）。该原则基于对社会公平正义和财产权的整体考虑，是伊斯兰金融体系的核心原则。二是风险共担。资金的提供者与企业家一起承担风险，共享利润，其身份不是债权人，而是投资者。三是禁止投机。不得支持具有不确定性的高风险投资。四是合同神圣。该原则旨在降低信息不对称，减少道德风险。五是禁止投资教义所禁止的活动，例如毒品、烟酒、猪肉、赌博（银行牵涉金融风险时将被认定为赌博）等。六是社会公平。任何导致不公正或者带来剥削的行为都被禁止。

海合会各国发展伊斯兰银行的目的不尽相同。在一些国家，伊斯兰银行被认为是一种金融创新，有助于提升该国国际金融中心地位；而另一些国家设立伊斯兰银行是为了满足部分伊斯兰教徒对伊斯兰银行的需要；还有一些国家，伊斯兰人口众多，伊斯兰教义是其基本法，而设立伊斯兰银行。

近年来，伊斯兰银行业在世界多个区域一直保持高速发展，并在重要经济体中日益显现出系统重要性。2010－2015 年，伊斯兰银行业每年保持 15% 的资产增长率，资产规模估计已超过 1.5 万亿美元。

（二）海合会国家伊斯兰银行业发展现状

根据侯赛因、沙赫穆罕默德和特克估算[2]，伊斯兰金融总资产从 2006 年的 4,000 亿美元增长到 2014 年的 1.9 万亿美元，全球伊斯兰银行总资产占伊斯兰金融总资产的比重增长到 78%，伊斯兰银行在伊斯兰金融中占据主导地位。

1. 市场占比

从全球分布来看，伊斯兰金融资产主要集中在中东和亚洲地区。其中，海合会地区占比最高，达到 37.6%；中东和北非地区以 34.4% 位居第二位；以马来西亚为首的亚洲地区以 22.4% 排名第三位（见表 2.7）。从部门占比来看，伊斯兰银行是伊斯兰金融系统中最重要的部分。2008－2013 年，全球伊斯兰银行业保持了 16% 的年增长率。而资产规模排名全球前 1,000 位的银行 2012 年、2013 年的总增长率仅为 4.9%、0.6%。

**表 2.7　全球伊斯兰金融区域分布（2015 年）**

单位：十亿美元

| 地区 | 伊斯兰银行资产总额 | 伊斯兰债券规模 | 伊斯兰基金资产总额 | 伊斯兰保险总收入 |
|---|---|---|---|---|
| 亚洲 | 209.3 | 174.7 | 23.2 | 5.2 |
| 海合会国家 | 598.8 | 103.7 | 31.2 | 10.4 |
| 中东和北非国家 | 607.5 | 9.4 | 0.3 | 7.1 |
| 撒哈拉以南非洲 | 24.0 | 0.7 | 1.4 | 0.5 |
| 其他 | 56.9 | 2.1 | 15.2 | — |
| 总计 | 1,496.5 | 290.6 | 71.3 | 23.2 |

注：银行和保险部门的数据截至 2015 年 6 月末，债券和基金部门的数据截至 2015 年第三季度末。

资料来源：《2016 年伊斯兰金融服务业稳定报告》，IFSB。

2　Islamic Financial Services Industry Stability Report 2015.

从全球占比来看，海合会国家中的沙特阿拉伯、阿联酋和卡塔尔在全球伊斯兰银行业中的资产份额分别由 2014 年的 18.6%、7.4% 和 4.5% 增至 2015 年的 19%、8.1% 和 5.1%，增长速度较快。

从国内银行业占比来看，海合会国家伊斯兰银行业务增速较快。其中，阿曼伊斯兰银行业务从 2012 年开始增速逐渐走高，2015 年末同比增速为 6.5%；沙特阿拉伯伊斯兰银行业资产占国内银行总资产的 49%，科威特和卡塔尔的这一比重分别为 39% 和 26%；巴林伊斯兰银行业的市场份额约为 13.5%，正逐渐接近 15% 的目标。巴林中央银行（CBB）鼓励国内各伊斯兰银行探索创新模式以扩大经营规模。在阿联酋，伊斯兰银行业的市场份额为 18.4%，2016 年，阿联酋中央银行决定将伊斯兰债券纳入补充流动性的抵押品范围，这将极大提高伊斯兰银行流动性管理的效率。海合会国家伊斯兰银行业的总资产约为 6,000 亿美元。

2. 盈利能力

从盈利能力来看，2015 年除沙特阿拉伯以外其他海合会国家伊斯兰银行业的盈利水平均有所改善。从资产收益率（ROA）和股东权益收益率（ROE）两个指标来看，沙特阿拉伯伊斯兰银行的这两项指标由 2013 年的 12.75% 和 1.84% 下降至 2015 年末的 11.83% 和 1.64%。其中一个重要原因是沙特阿拉伯货币当局实行了新的消费金融政策，影响了沙特阿拉伯银行业的收费和管理成本。海合会其他国家，如巴林、科威特、卡塔尔和阿联酋，其伊斯兰银行的 ROA 得到了不同程度的改善。阿联酋伊斯兰银行 2008 年的 ROA 为 1.34%，而在 2015 年末时达到 1.35%，但是 ROE 一直低于 2008 年时的水平。在过去的几年中，巴林银行体系受政治和经济环境的影响较大，盈利能力明显削弱。2014 年末，巴林伊斯兰银行业结束连续 4 年的负增长，ROA 和 ROE 分别达到 4.69% 和 0.7%，融资条件的改善使信贷需求高企，银行部门对经济的拉动作用也逐渐增强。

3. 资产质量

由于房地产市场的稳定发展、商业银行融资方法的改进，以及非石油部门收入的增长，海合会国家的资产质量有所改善。然而，尽管海合会国家整体不良率有所下降，但是巴林的伊斯兰银行风险明显高于其他国家。

巴林中央银行的报告显示，2014 年 9 月以来基础设施、贸易和制造业贷款的恶化，导致该国伊斯兰银行不良贷款率飙升。同时，油价的持续下跌加剧了不良率的上升。石油收入缩减和政府支出疲弱使银行业前景不明，巴林伊斯兰银行的不良率可能继续提高。

4. 资本充足水平

海合会国家伊斯兰银行的资本充足水平较高，均超过了当地监管部门对资本充足率的要求。然而，与海合会国家银行业总体趋势一致，伊斯兰银行业的资本充足水平也呈现出下降趋势。资本充足率降低的部分原因是对不良贷款的核销，此外，监管部门的政策调整也使资本充足水平有所下降。以科威特为例，2014 年 2 月初，科威特中央银行宣布将在未来的五年中实施《巴塞尔协议Ⅲ》对资本的要求，这一过程将在 2019 年 1 月末完成。相似地，其他海合会成员伊斯兰银行的资本充足率都有所下降。

## 二、海合会国家伊斯兰债券

### （一）苏库克概况

苏库克（Sukuk）是一种兼有债券和股票特征的投资工具，其发行目的是为有形资产的生产和贸易活动进行融资。而传统债券则是一种合约性债务，债券发行人不得不在约定日期向债券持有人支付利息。与之相比，苏库克债券的持有人拥有标的资产（underlying asset）不可分割的所有权，也有从苏库克资产获得收益的权利。

苏库克是传统债券遵循伊斯兰教义（Sharia）的一种形式，同时苏库克（占比 12%）也是伊斯兰金融中仅次于伊斯兰银行业务（占比 83%）的第二大金融资产。最近几年，苏库克发展迅速，年均发行量由 2011 年的 450 亿美元增至 2014 年的 1, 188 亿美元，几乎增长了三倍[3]。此外，苏库克呈现出向非伊斯兰宗教国家蔓延的态势，致使当前苏库克的市场需求超过 3, 000 亿美元。据估计，2017 年全球对苏库克需求将达到 9, 000 亿美元[4]。

3 资料来源：马来西亚国际伊斯兰金融中心《2015 年苏库克年报》。

4 资料来源：安永会计师事务所，2015。

作为一种融资选择，苏库克市场引起了发达国家、新兴经济体以及跨国机构的广泛关注，各主体国期望对不同经济活动和投资项目按照苏库克模式融资。有研究者在评估苏库克的稳定因素后，认为苏库克与传统债券有一定的相似性。一些研究者还认为如果苏库克能够得到正确使用，将对经济有着潜在的稳定作用。

（二）海合会国家的苏库克发展现状

总的来看，过去几年中苏库克发行量保持了较高的增长态势。然而，2008 年苏库克发行量经历了大规模的下降，受美国次贷危机影响，货币市场整体恶化。苏库克发行量在 2008 年下降了 35%，下降至 152 亿美元，而传统债务工具在同一时期则暴跌约 80%，下降至 3, 870 亿美元以下。这种下跌趋势在海合会国家也较为显著，由于经济下滑，相比 2007 年，2008 年该地区苏库克市场萎缩约 59%。另外，受困于国际贸易和直接投资的下降，该地区的房地产行业也面临较大风险。[5]

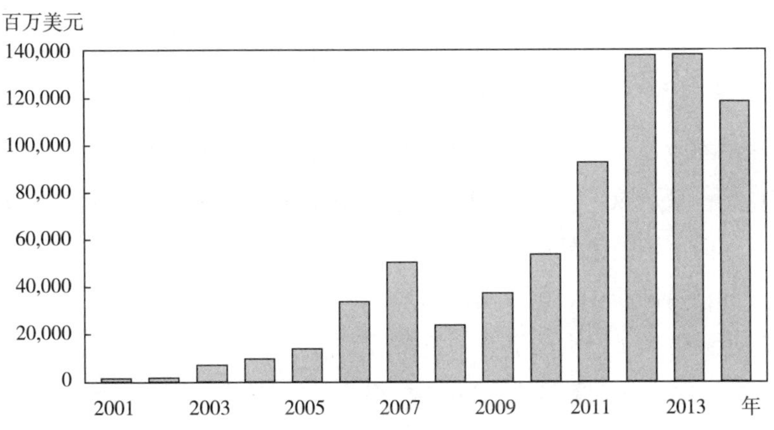


资料来源：MIFC/IIFM，2015。

**图 2.5　全球苏库克的总发行量（2001 –2014 年）**

随着信贷市场的逐步恢复和新兴市场需求上升，2009 年苏库克市场重新走上增长轨道。同年，苏库克市场的跨国经营活动增多，导致以外币尤

5　资料来源：穆迪投资者服务报告，Hijazi，2009。

其是美元计价的债券发行量大增。由于主要证券交易所苏库克业务的增加，尤其是欧洲的证券交易所（如伦敦证券交易所和卢森堡证券交易所），带动了其跨国经营活动逐步走强。然而，回顾海合会国家的苏库克的发行态势，可以明显看到金融危机对苏库克市场的影响一直持续到2011年，其发行量在2008－2010年都相对较低。

海合会国家对苏库克和伊斯兰金融类债券的吸引力是显而易见的。这种吸引力来源于海湾地区国家债务资本市场（Debt Capital Market）的变化，同时也与该地区国家资产负债表优化和政府支持有关。在过去的几年中，海湾地区国家的债务资本市场发生了巨大变化。2003年，中东债务资本市场（Middle Eastern Debt Capital Market）估值为27亿美元，2013年增至386亿美元。海合会国家的银行（如卡塔尔国家银行、阿布扎比国家银行、阿联酋迪拜国家银行和第一海湾银行等）不仅在本区域发行债券，而且要在海外发行债券，并开始与大型跨国银行进行市场竞争。在最近的全球经济发展周期中，其宏观经济水平和区域经济得到持续改善，差异化发展水平明显增强，并逐步建立了与亚洲各国的贸易和资本联系。

然而，2014－2015年，受到低油价和低出口收入的影响，以及对新兴经济体汇率波动和发达国家货币政策预期变化的担忧，2015年第一季度，苏库克发行量从2014年末的242亿美元降至187亿美元。当然，海合会国家苏库克的市场前景是值得肯定的。这主要是由于伊斯兰金融产品在主要市场（如沙特阿拉伯、阿联酋和卡塔尔）的使用逐步增长，大型项目和基础设施建设带来了巨大的潜在市场需求。

（三）海合会国家苏库克的特征

由于币种选择和到期日错配等问题对经济金融的稳定性至关重要。因而，考察苏库克的到期日、国内和国际苏库克市场的发展、苏库克的行业分类，以及标的资产的证券化等问题对海合会国家的金融稳定有着重要意义。

苏库克主要分为资产为本类和资产支持类两种结构。资产为本类就是通常所称的伊斯兰债券；而资产支持类是指债券的证券化。海合会国家主要的苏库克品种是资产为本类，只有少量的证券化交易。

1. 期限

海合会国家的长期苏库克（大于12个月）占比较大，而全球市场更感兴趣的短期苏库克（少于12个月）市场占比略低。从全球苏库克市场份额来看，短期苏库克的市场份额为43%（约为2,850亿美元），而长期苏库克占比则为57%（约为3,820亿美元）。受主权国家中央银行发行推动（特别是实施货币政策所带来的流动性补充），短期苏库克的发行量正逐渐呈现上涨趋势。

与传统银行相比，伊斯兰银行的市场流动性受到了质疑。由于缺乏合适的结构和可转换工具，伊斯兰银行一般需要比传统银行持有更高的现金储备，以增强流动性。因此，海合会国家政府将苏库克看做是发展和壮大伊斯兰银行间市场的重要手段。巴林中央银行就是杰出的代表，它发行的短期苏库克通常以第纳尔计价。此外，随着银行的流动性减少、波动性和对公共债券的需求增加，在海合会国家发行苏库克变得越来越有吸引力。

布罗内尔等人对海合会国家热衷短期借款的现象进行了分析，他们认为这是由供给因素所致，特别是新兴经济体的投资者持有长期债券，需要支付比短期债券更高的风险溢价，使借入短期债务显得更加便宜。另外，长期债务存续期间不稳定性的增加，促使这些国家缩减长期债券的规模。短期苏库克为投资者提供了更高的收益率，特别是那些受原油价格下跌影响较大的投资者们，如政府机构和银行。这些机构从利率风险管理角度出发，开始削减长期债务规模。

然而，尽管短期苏库克有利于满足短期流动性的要求，但短期债务同样隐藏着风险，给银行、金融机构、养老基金和保险公司带来诸多挑战。通常而言，金融机构对短期资金的过度依赖是金融系统脆弱性和催生金融危机的主要根源。此外，由于其他机构短期资金的相互影响，在整个债务市场中，金融机构存在严重的再融资风险。因此，短期苏库克的增长势头被认为是一种不良现象。金德尔伯格认为，对短期融资的依赖，特别是在基础设施建设中使用短期资金，不是一个很好的现象，发展和壮大长期融资很有必要，因为长期债务有利于基础设施建设和工业投资，增强经济的稳定性。

另外，长期苏库克在海合会国家也得到了稳定增长，特别是在企业部门。与政府部门相比，企业部门更热衷于发行苏库克，部分原因是海合会国家一些政府有着强势的财政地位，没有必要从资本市场融资。尽管海合会国家长期苏库克的发行量有所增加，但主要发行期限均不超过10年。海合会国家仅有的一只30年期10亿美元的苏库克，由沙特阿拉伯电力公司于2013年4月发行。

2. 发行币种

国内市场发行的苏库克多以本币计价，国际市场则以美元计价为主。2015年，国内发行量的市场份额占比约为43%，在一定程度上证明了该地区伊斯兰金融体系的运作和发展态势，其主要发行国是沙特阿拉伯（335.4亿美元）和卡塔尔（131.2亿美元）。相比传统融资模式，苏库克能够较好地满足投资者的资金需求，这也意味着发展全功能的苏库克市场需要伊斯兰金融生态系统的有效支持，当前苏库克发行量日益上涨的趋势也表明海合会国家正在培育良好的金融环境并激励非传统工具的使用。

海合会国家发行的苏库克多数为国际债券，2015年，其发行总量占比约为57%。在国际苏库克发行方面，从2001年1月至2014年7月的数据来看，巴林的发行数量居首位（94只总额为68.3亿美元），而阿联酋的国际苏库克在过去十年中依托其强劲的金融市场需求，发行总量遥遥领先于海合会其他国家（459.9亿美元/68只）（见表2.8）。

**表2.8　海合会国家苏库克发行情况（2001年1月至2014年7月）**

| | 国际苏库克发行 | | 国内苏库克发行 | |
|---|---|---|---|---|
| 海合会国家 | 发行数量（只） | 发行金额（百万美元） | 发行数量（只） | 发行金额（百万美元） |
| 巴林 | 94 | 6,830 | 218 | 9,124 |
| 科威特 | 13 | 2,127 | 1 | 332 |
| 阿曼 | 0 | 0 | 1 | 130 |
| 卡塔尔 | 10 | 8,935 | 9 | 13,115 |
| 沙特阿拉伯 | 30 | 21,542 | 43 | 33,538 |
| 阿联酋 | 68 | 45,986 | 14 | 8,251 |
| 合计 | 215 | 85,420 | 286 | 64,490 |

以本币发行苏库克有利于减少外部市场波动对本国金融系统的冲击。与传统债券类似，以本币计价的苏库克与以外币计价的苏库克相比，有着较低的违约率。另外，发行国际苏库克，尤其是短期债券，会通过削弱本区域货币政策作用提高其系统性风险。在金融危机期间，大部分政府债券以美元计价发行，不得不面临国际市场流动性干涸及银行流动性减少带来的挑战。

尽管发行国内苏库克更为稳定，但是也面临挑战：与国际市场相比，投资者们很少关注国内市场。因为国际市场不仅为新型投资者提供通道，而且也有相应法律框架的支撑。发行人可以选择和使用法律框架，其权限如设立特殊目的载体（SPV）、发行合适的苏库克等。许多苏库克合约都有国际公认的法律条文，如美国和英国。然而，在一些违约事件中，资产为本类苏库克可能面临较多挑战，特别是在外国法院对当地资产裁决的执行方面。因此，为了全面探索海合会国家苏库克的市场潜力，需要像开发国际市场一样全方位开拓国内市场。

3. 苏库克发行人的行业划分

在海合会国家中，企业部门的发行人比政府部门更加积极，部分原因是其政府都有着强势的财政地位，没有必要从资本市场筹集资金。从图 2.6 可以看出，企业部门的苏库克发行量均远大于政府部门，除 2005 年（当时苏库克刚起步）和 2009 年（遭遇金融危机）以外。2007 – 2008 年金融危机期间，资产和大宗商品价格下滑以及金融市场冻结，导致海合会国家信贷规模急剧下降。这使海合会国家政府采取如财政刺激和货币宽松等强有力的措施支持金融系统，其中就包括发行政府苏库克以支持地区经济。

政府部门对苏库克市场有积极和消极的双重影响。对于传统债券来说，强大的政府在其国内债务市场的存在，有助于建立无风险收益率曲线，为私人部门发行债券提供参照。但是发行苏库克可以不遵循这一规则，因为它并不是需要通过从贷款中获取保证回报的一种债务凭证，政府部门缺失被认为是该地区苏库克市场发展缓慢的潜在因素之一，因为政府部门能够潜在地为企业部门发行债券提供定价准则。

从图 2.7 来看，苏库克行业占比如下：金融业占到半壁江山，约为

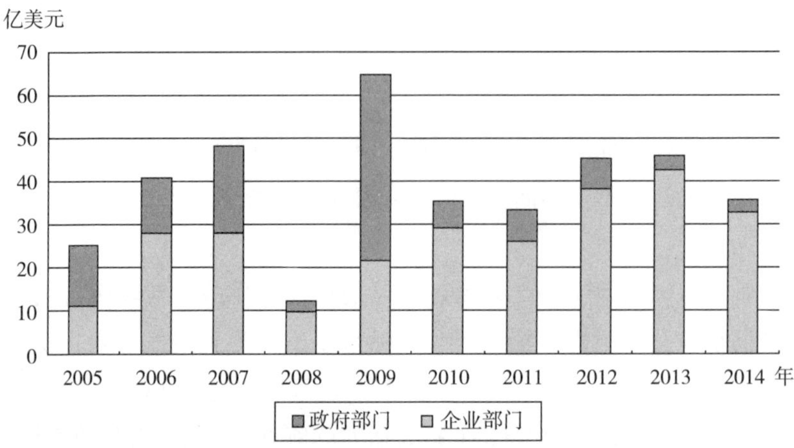


资料来源：路透社，马卡茨研究报告（2015）。

**图 2.6　海合会国家苏库克发行情况（2005 – 2014 年）**

47.89%，而政府部门仅占市场总额的 13.41%。不断壮大的金融业促进了工业发展，如通信业、工业与交通行业等。

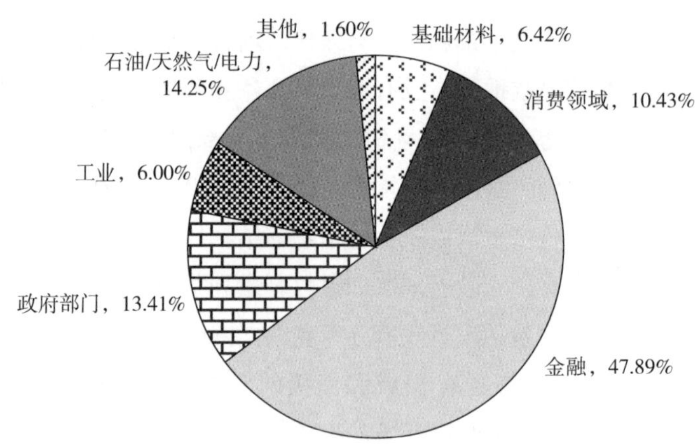


资料来源：路透社（2015）。

**图 2.7　苏库克发行的行业分类（2005 – 2015 年）**

理论上来讲，尽管基础设施建设行业的苏库克被认为最有投资潜力，但海合会国家仅有少量的项目是通过发行苏库克进行融资的。2012 年，沙特阿拉伯石油巨头阿美公司发行了首只苏库克项目融资债券。通过与法国石油总公司合作，阿美公司发行了以沙特里亚尔计价总值为10亿美元的苏库克，为朱拜勒石油精炼项目进行融资。由于该债券被市场广泛接受，在随后的2013年，另一个国际巨头美国陶氏化学为其萨达尔公司项目建设发行了更大规模的苏库克。

2012年，标准普尔公司对海合会国家的五个主要基础设施苏库克债券的发行方进行了评级（见表2.9）。

**表2.9 主要基础设施苏库克的评级（2012年）**

| 苏库克 | 评级 |
|---|---|
| 沙特阿拉伯电力全球公司 | AA |
| 阿布扎比国家能源公司 | A – |
| 马来西亚国家石油公司 | A – |
| 野村证券航空租赁公司 | BBB + |
| 亚通集团有限公司 | BBB – |

资料来源：标准普尔公司。

随着通信、工业应用与交通等行业的逐渐兴起，这些行业的苏库克呈现出巨大的发展潜力。马卡茨（Markaz）关于海合会国家的市场研究报告中对总体市场包括石油市场、利润增长潜力、价值吸引力、经济因素和市场流动性等因素进行了全面分析。该报告认为2015年海合会国家在石油部门与总体经济环境方面存在较强相关性，因而市场对多数海合会国家的预期为中性或负面，苏库克的发行也包括短期和长期。此外，由于一些国家（科威特、阿曼和巴林）的市场流动性预期为负，提供短期苏库克能够潜在地解决此类问题（见表2.10）。

**表2.10 海合会国家市场展望（2015年）**

| 类型 | 沙特阿拉伯 | 科威特 | 阿联酋 | 卡塔尔 | 阿曼 | 巴林 |
|---|---|---|---|---|---|---|
| 石油市场 | 负面 | 中性 | 中性 | 中性 | 负面 | 中性 |
| 利润增长潜力 | 中性 | 积极 | 积极 | 积极 | 中性 | 负面 |
| 价值吸引力 | 中性 | 积极 | 积极 | 中性 | 中性 | 中性 |
| 经济因素 | 中性 | 积极 | 积极 | 积极 | 中性 | 中性 |
| 市场流动性 | 积极 | 负面 | 积极 | 中性 | 负面 | 负面 |
| 总体市场意见 | 中性 | 中性 | 积极 | 中性 | 中性 | 中性 |

资料来源：国际货币基金组织，路透社、Zawya和Markaz研究报告。

4. 苏库克的结构和潜在风险

苏库克的结构日渐成熟和灵活，且可以根据特定市场的反应和需求进行调整，这是市场广泛接受的关键因素。近年来，苏库克呈现多种结构。租赁协议（Al Ijarah）和成本加成销售协议（Murabaha）成为两大主流的苏库克结构，因为它们合同条款简单，并且受到伊斯兰教义理事会的普遍接受。此外，因为投资意图不同还有一些结构较为复杂的苏库克，如股权合作协议（Musharakah）和利润共享协议（Mudaraba）。

由于苏库克的结构缺乏统一标准和对伊斯兰教义存在不同的解释，在结构相似性和定价机制上面临较大挑战。出于信用或其他原因，不同的结构使投资者选择不同的苏库克，不像传统债券很难识别其隐藏的风险。为了规避风险，投资者通常倾向于遵循伊斯兰教义的债券结构。租赁协议（Al Ijarah）是近年来海合会国家最受欢迎的苏库克结构。在海合会国家房地产行业兴起之前，商业经营活动的融资债券多数选择股权合作协议（Musharakah）和利润共享协议（Mudaraba）。随着房地产行业在该地区逐渐壮大（特别是迪拜等地），基于房地产的租赁协议（Ijarah）苏库克发行量逐年增加。与利润共享协议（Mudaraba）等合伙契约相比，租赁协议更加安全，且具有很好的风险预测能力。另外，租赁协议还有其他优点，如结构简单且其被所有伊斯兰教义理事会认可等。

2007－2008 年金融危机期间，海合会国家发生多起苏库克违约事件。分析这些案例可以发现，理论上来讲苏库克与股权类似，它们均是基于风险共担、利润共享的。因此，可以确定苏库克是一种有限流动性、类似股权的融资工具，标的资产持有人在法律上被赋予所有人权益。

分析 2007－2008 年金融危机期间的违约案例可以发现，苏库克违约最突出的类型是穆达拉巴（38%）、租赁协议（30%）和股权合作协议苏库克（19%）。违约案例中较为典型的是科威特伊斯兰投资公司，该集团宣称不能及时支付每年两次 1 亿美元的苏库克回报。随后，沙特阿拉伯萨阿德集团宣布不能支付 2007 年发行的 6.5 亿美元的苏库克租金。2009 年 11 月，迪拜政府宣称无法支付由其发起的几周以后即将到期的 35 亿美元的苏库克（纳克希尔集团）。当然，这一行为最终被阿布扎比政府 100 亿美元的一篮子救助计划所阻止。

通过这些不同结构的违约事件涉及的多数是资产为本类苏库克，而不是资产支持类。资产为本类苏库克的持有人仅能要求发起者购买标的资产，在发起人回购相关资产以后，再进行债权申诉，这存在较大风险。因此，对多数认为能够获得标的资产所有权投资者来说，这会导致不可预期的信用风险。

然而，2007－2008 年，随着经济形势的日益恶化，违约行为逐渐增多。多数国际投资者面临所有权转移方面的难题，因为一些海合会国家现行的法律中不允许资产跨境转移，或是转移过程复杂且需要支付昂贵的法律和监管费用。

在阿联酋法律框架下（尤其是迪拜），租赁权益并不被当作物权或产权，这意味着销售权益不能实现所有权的转移。纳克希尔苏库克的违约事件震惊了全球苏库克市场，它是第一个接近 10 亿美元的苏库克违约事件。纳克希尔苏库克基于租赁合约结构，与传统的租赁回购交易相似。纳克希尔交易中的标的有形资产主要是土地、建筑物以及其他著名的如新月地产和迪拜海滨等资产。该融资项目计划建设一个有两个香港岛规模大的城市，拥有能容纳 150 万人的摩天大楼，并在迪拜海滨城修建 75 千米的运河。50 年租赁期间的全部费用由纳克希尔 SPV 公司支付给纳克希尔苏库克的持有人。

纳克希尔 SPV 公司以信托模式运营，并代表苏库克的持有人，每个苏库克债券代表了对信托资产不可分割的所有权。最初，苏库克持有人的地位是安全且被有效保护的；由于不同纳克希尔苏库克的持有人得到的都是共同债务人保证，意味着 SPV 公司要对每一个持有人有支付义务。为了保护持有人的法定财产权，纳克希尔公司为他们建立了所有权。

纳克希尔苏库克在发行时，并没有提及租赁权的正式登记手续。因此，这种情况下，苏库克持有人对阿联酋和迪拜复杂的金融法律制度认知较少，这很大程度上影响了苏库克持有人的法案选择。因此，海合会国家所暴露出的这些违约案例，原则上可以归因于苏库克的产品原理和实际结构的不一致，以及投资者对所涉风险认知有限。

然而，个别违约事件并不能削弱苏库克的稳定性，持有人仍然掌握标的资产。但是，苏库克发行国法律条款和规章制度缺乏透明度限制了苏库克作用的发挥。投资者的权利和对标的资产的管理权以及其他合法权利均取决于当地法律规定。

当前，苏库克最主要的问题是其主要合同条款上并没有遵循伊斯兰教义当中关于透明度的要求。根据伊斯兰教义，苏库克合同中不应存在对投资者权利的矛盾条款。另外，Winjnber 和 Zaheer 认为在多数案例中，大多问题可以追溯到条款和结构方面的弊端，这使苏库克更像传统债券。这些条款包括发行人或者是第三方以承诺或保证的形式确定投资回报率以及诸多增信协议。这些特征使苏库克与传统债券类似，即定期付息、到期还本。因此，引入传统债券的这些特征使苏库克和传统债券存在同样的违约可能性。

因此，在严格遵循伊斯兰教法中关于所有权、透明度和风险共担的原则下，将在很大程度上减少违约甚至重组的可能性，这是因为伊斯兰教法里明确了产权出现困扰时投资人的分配权利。如果遵守这些准则，苏库克将变得更加稳定。

最后，需要指出的是，不能将全球苏库克市场的波动和 2007 – 2008 年全球经济衰退割裂开来，也不能将房地产市场低迷与美国次贷危机区别对待。由于苏库克受到总体经济环境的影响，在评估苏库克市场的发展时，也不能与其所处的外部经济环境相分离，苏库克也会受到部门或行业的影响。

5. 伊斯兰资产证券化的担保类型

资产证券化的主要优势在于其特殊的风险组合，促使不同投资项目在投资人之间风险共担，以及在发生流动性和信用风险时，能够将资产进行转化，例如将租赁、抵押或小企业贷款等资产转化成低信用风险的可交易产品。当然，在 2007 – 2008 年的国际金融危机期间，资产证券化并不被看好。资产证券化的每个阶段，从贷款的来源到销售、仓储、证券化以及信用评级机构在证券化的过程中都会遇到多层代理人问题。这种多层所有结构通常被描述为填满新资产的“充气球”，随着气球的膨胀，银行不断寻求新的资产进行填充，并在此期间寻找借款人融出资金。

然而，伊斯兰资产证券的结构（资产支持类）隔断了多层所有权情形的发生，因为伊斯兰金融要求最终投资者拥有全部资产或资产的所有权。尽管这一特征限制了交易的多样性，但是在发生流动性风险时，杜绝了可能出现的串联风险。

海合会国家在伊斯兰资产证券化方面有着巨大的市场潜力。由于房地产是有形资产，伊斯兰资产证券化对房地产行业具有浓厚兴趣。20 世纪 90 年代以来，房地产行业在伊斯兰金融业中发挥了重要作用。伊斯兰产权投资起初主要集中在住宅领域，后来逐渐发展到商业地产和商业产权投资。

在海合会国家中，多数的证券化资产是住房抵押贷款、消费金融和汽车贷款。随着苏库克市场的进一步发展，资产多样化有望在未来逐步增加。据统计，2003 –2013 年，多数伊斯兰证券化交易来自于房地产市场，占到了当时伊斯兰证券交易量的 4/7。这些交易大部分来自阿联酋、沙特阿拉伯和卡塔尔。2013 年，科威特涌现首例零售行业的伊斯兰资产证券化交易。2013 年，沙特阿拉伯伊斯兰开发银行发行了一款伊斯兰资产证券化产品。作为该地区唯一发行方，该类型交易在流动性和建设项目方面颇具市场潜力。

对比苏库克相关抵押品所产生的现金流可以看出，使用最多的担保类别为房地产行业，2003 – 2013 年，最常用的两种资产为租赁应收款（43%）和住宅抵押贷款（29%）。苏库克证券化的担保类型是维护其稳定性的关键因素。遵守伊斯兰原则，意味着抵押资产必须符合伊斯兰教义，即抵押物不能为债务或基于任何不符合道德观念、投机以及任何被禁止的活动。由于房地产完全符合伊斯兰交易中关于资产的相关要求，因此房地产成为伊斯兰投资者最为青睐的资产类型。伊斯兰证券中多数抵押品为不动产，如抵押贷款担保证券、租赁应收款以及财产应收租赁款，这些不动产均以住宅或商业房地产担保贷款为基础。

在 2007 –2008 年金融危机期间，资产证券化和房地产市场起到了推波助澜的作用。因而，房地产行业的稳定性一直是金融危机后经济学家们关注的议题。经广泛讨论，各界一致认为过去发生的多次金融动荡都与股票或房地产价格的涨跌有关。因此，资产价格上涨往往被视为泡沫的前兆，而资产价格下跌则意味着泡沫的破灭。在金融危机期间，由于房地产泡沫和市场高度开放，海合会国家股票价格急剧下跌。

与其他类型的资产相比，房地产市场有几个鲜明特点。最主要的特点是本地化属性，房地产的供给主要集中在当地。由于房地产行业受规划和施工阶段时间较长的限制，提供新增房地产的灵活度相当有限。另外，房地产市场流动性还受到高额交易成本的制约。所以，以房地产为担保的资产证券化进行短期交易是不可行的。

由于投资依赖资产类型、第三方评估及审查等多个因素，房地产市场存在诸多内在风险。短期来看，房地产价格可能与长期预期相背离。因为波动不仅产生于经济基础的周期性变动、利率和风险溢价，也是房地产市场内在属性的结果。另外，由于苏库克是基于房地产的，与竣工的资产相比，在建项目可能面临更大的风险。

还有一些因素可能对房地产行业的稳定性造成影响。抵押品如租赁协议和租赁物也存在内在风险。租赁协议、抵押贷款和租赁与基于经济和人口状况的因素密切相关。在长期租赁合约条件下，租金通常是黏性的。对抵押贷款的高度依赖也存在一定的问题，因为抵押贷款违约率具有较高的系统性风险。尽管抵押贷款具有较低的违约概率，但抵押贷款违约通常与一国的整体经济下行同时出现。由于苏库克的标的资产类型缺乏多样性，房地产市场与整体经济的高度相关性对苏库克市场的影响尤为显著，因此该行业很容易暴露在全球经济衰退的风险之中。

### （四）海合会国家苏库克展望

研究表明，海合会国家的苏库克和伊斯兰债券对金融机构以及非金融机构的吸引力正在显著增加。此类伊斯兰金融工具在使用过程中，既可以为短期流动性筹集资金，也可以为增强伊斯兰银行部门发行长期债券。然而，过度依赖短期发行已经引起广泛关注，特别是短期债券被视为问题的征兆，季节性资金紧张也将使其受到冲击。由于基础设施建设和工业投资的增长，长期融资债券得到较快发展。通过分析海合会国家苏库克的运行特征，本节可以得到以下几个结论。

一是合理选择苏库克的发行计价货币。分析表明，苏库克发行呈现出美元计价趋势，国际市场不但能为新型投资者提供投资渠道，也能够带来可行的法律框架，而海合会国家的法律框架较为复杂。但过度依赖美元可能导致不稳定因素增加，特别是在金融危机期间国际市场流动性锐减的情况下。此外，苏库克的行业分类表明其正在被各行业广泛使用，且有较大发展潜力。实际上金融部门应关注基础设施或项目建设中的计价货币选择问题，以防引发外部风险向国内传导，形成系统性风险。

二是完善跨境苏库克投资的法律框架。海合会国家的法律框架亟待改革。从苏库克的违约案例可以看出，投资者对跨国法律框架认知存在一定差异，而投资者权利在其本国则有强有力的偿债制度作保证。因此，随着跨境伊斯兰金融交易量逐步走高，迫切需要协调监管和法律框架，规范合约、强化证券立法以及修订国内破产制度。

三是警惕房地产行业周期性下行风险。由于房地产是真实有形的资产，房地产部门在标的资产方面受到格外关注。尽管房地产市场总体稳定，但仍然面临挑战和风险。影响苏库克稳定性的首要问题是对房地产部门的高度依赖。因此，为了增强苏库克的可靠性和稳定性，需要标的资产类型的差异化发展。伊斯兰金融工具与传统债券有所不同，对有形资产的控制是伊斯兰债券的主要稳定因素，有利于投资人对资产收益的管理。

四是继续发挥利润风险机制的托底作用。利润风险机制（PSL）的有效实施有助于为经济系统提供一种平衡，能够保护市场免受冲击。因此，随着伊斯兰金融国际化和一体化发展，苏库克市场的大幅增长将进一步增强金融的稳定性。在大多数伊斯兰国家，大额高净值客户也比较青睐苏库克。

五是健全苏库克市场的基础设施建设。为了充分利用海合会国家苏库克的市场潜力，需要像开拓国际市场一样去拓展国内市场。发展国内市场须具有机制完整的货币市场作保证，也需要具有一个便于交易、定价透明以及高效的清算系统。海合会国家的苏库克市场也需要开发一条可靠的参考曲线，建立一个统一的定价基准。此外，标的资产和投资者们的多元化将使苏库克市场有所改善。

六是改进并完善苏库克的产品结构。由于当前苏库克结构相对复杂，投资者很难识别风险。合约的标准化和伊斯兰金融审批程序的规范化将有利于保护消费者。苏库克结构的不同，对合同文本、指引和最佳商业实践的理解也存在差异。因此，发行人、投资人、交易人、律师和监管者之间的信息披露有利于保护消费者和投资者。此外，伊斯兰教义委员会对苏库克的同质化可以推动伊斯兰金融在全球资本市场和伊斯兰国家的发展。

最后，也是本节最重要的一点，为了从伊斯兰金融工具获得最大的潜在收益，苏库克在使用过程中必须遵循伊斯兰教法准则，并避免与传统债券相类似。

## 三、海合会国家伊斯兰保险业

### （一）伊斯兰保险定义

伊斯兰保险（Takaful）这一名称来源于阿拉伯语单词 AL－Kafala，意思为“责任共担”或者“共同利益”。伊斯兰保险的责任共担理念可以被看做是“捐赠或贡献”，“捐赠”活动要求保单持有人同意贡献一定比例的保费，在任何保单持有人遭受约定的损失时由“捐赠”基金赔偿。

伊斯兰保险建立在伊斯兰教义基础上，相比传统保险，具有独特之处。伊斯兰教法要求伊斯兰保险合同必须具有确定性。保单期限是有限的，交易额度即保费和收益分配是事先可知的。合同不仅要求参与者通过责任共担来处理损失，而且要求根据事先确定的比例在保险人和保单持有人之间分配投资收益。

伊斯兰保险市场中，保险经营模式大致可以分为三类：代理人模式（Wakalah）[6]、利益分享模式（Mudharabah）[7]以及混合模式（Hybrid）[8]。

---

6 代理人模式指保险人作为投保人的纯粹营运代理人。保险人收取定额费用，代表投保人投资保险基金并经营保险业务。保险人不分享承保和投资的任何盈利，也不承担承保和投资的任何损失。但是如果保险基金出现亏损，保险人必须向保险基金提供一笔无息贷款，这笔贷款将在保险基金出现盈余时偿还。

7 利润分享模式指保险人按事先约定的比例分享保险基金所产生的盈余和投资活动所获得的利润。与代理人模式相同，如果保险基金出现亏损，保险人必须向保险基金提供一笔无息贷款。

8 混合模式是结合了代理人模式和利润分享模式的优点而形成的一种新型模式。保险人收取投保人所付保费和投资盈利的一定比例。

### （二）海合会国家伊斯兰保险发展概况

作为常规保险的替代方案，伊斯兰保险遵守伊斯兰教法的原则。海合会国家伊斯兰保险市场总承保费 2010－2014 年以 11.8% 的年平均增长率增长，已达 89 亿美元。其中，沙特阿拉伯占该地区伊斯兰保险市场份额的 77%。在代理人模式下，保险营运者只是为保单持有人担任代理人或受托人，其职责只限于管理基金以支付前期费用（基金管理和绩效奖励费用），承保结果完全属于被保险人，没有分配给保险营运者的股份。利润分享模式基于分担与政策相关的风险，分享保险经营者和投保人之间投资溢价利润的原则建立。

### （三）海合会国家伊斯兰保险发展的制度框架

伊斯兰保险的监管制度框架在海合会国家成员之间存在较大差别。沙特阿拉伯伊斯兰保险公司在穆达拉巴模式的基础上运作，而瓦卡拉模式在阿联酋更受欢迎。在阿联酋，伊斯兰保险公司需要以纯粹的瓦卡拉模式或混合模式为基础，巴林的伊斯兰保险运营商只允许使用混合模式，迪拜国际金融中心（DIFC）和卡塔尔金融中心（QFC）未对伊斯兰保险营运者指定任何模式。同时，上述各国（地区）金融中心关于伊斯兰保险市场均有具体规定。

鉴于伊斯兰保险市场的增长潜力，海合会国家近年来一直积极推进相关立法。沙特阿拉伯为常规保险公司和伊斯兰保险公司设立了共同规章。沙特阿拉伯中央银行 2013 年制定法规要求保险公司（包括伊斯兰保险公司）基于精算研究计提储备金。2015 年初，巴林中央银行推出新法规，为伊斯兰保险公司规定了严格的偿付能力要求，为客户提供更多保护。阿联酋在 2015 年初推出了一系列保险业监管法规，主要侧重于加强保险公司的资产负债管理和公司治理。阿曼 2011 年解除了对伊斯兰金融行业的限制，并在 2013 年以后得到进一步发展。

除了遵守适用于常规保险公司的治理要求外，伊斯兰保险公司还应遵循伊斯兰金融机构会计和审计组织（AAOIFI）的指引，该指引补充提出了一些附加要求。

### （四）海合会国家伊斯兰保险发展前景

虽然伊斯兰保险业在过去十年中经历了强劲增长，但在大多数海合会国家仍处于起步阶段。展望未来，海合会国家伊斯兰保险业面临以下几个方面的挑战。首先，最大的挑战是市场竞争。海合会国家拥有超过70家的伊斯兰保险公司，而伊斯兰保险业的保费每年仅有90亿美元，各公司之间存在激烈的市场竞争。其次，海合会国家伊斯兰保险公司需要适应越来越严厉的监管规则，如伊斯兰金融机构会计和审计组织提出的监管指引；监管改革必然会提高海合会国家伊斯兰保险业的运营成本。最后，海合会国家伊斯兰保险产品几乎没有区别，伊斯兰保险业的目标客户群也与传统保险公司相同。为了实现扩大经营规模，海合会国家的伊斯兰保险公司需要产品创新。海合会国家伊斯兰保险业可以借助伊斯兰银行业的渠道优势，向目标客户营销。

## 第五节　海合会国家主权财富基金

1953年，海合会国家出现了现代第一个主权财富基金（SWF）科威特投资局（KIA），其目标之一是通过将石油美元收入投资于国际资本市场和存入银行账户，防范石油美元收入波动造成的冲击，或者将其用于将来国家的经济发展。这种支持国家发展与为下一代保留石油财富之间的联系已经成为出口导向型国家建立主权财富基金的主要动机。

### 一、海合会国家典型主权财富投资基金

#### （一）阿布扎比投资局

阿布扎比投资局（Abudhabi Investment Authority，ADIA）是被动的组合投资者，其公开投资策略是持有企业股份不超过5%，且不承担相应义务，同时还避免实际影响持股企业的管理层。阿布扎比投资局以长期投资为主。一旦阿布扎比原油产出出现严重下降，阿布扎比政府就要依赖该基金的资本收益为其养老金、基础设施投资等支出融资。

阿布扎比投资局的权益类资产敞口超过60%，且偏好投资对冲基金、私募基金和房地产等资产。其投资遍布全球，在新兴市场的投资占比平均为15%～25%。

阿布扎比投资局的风险容忍型长期投资策略使其在国际金融危机爆发初期遭受了巨大损失。2008 年，如果不考虑新流入资本，阿布扎比投资局大约损失了 40% 的资本储备。由于积极的投资策略无法带来高于市场平均水平的收益，阿布扎比投资局自 2008 年以来更多转向投资指数基金，这也造成了管理费用偏高的问题。

市场对阿布扎比投资局管理的资产规模存在较大争议。2007 年摩根士丹利《主权财富基金到 2015 年将有多大?》的研究简报认为，2007 年阿布扎比投资局管理的资产规模是 8, 750 亿美元。Setser 和 Ziemba 认为 2007 年阿布扎比投资局的资产规模是 4, 530 亿美元，但在造成巨额损失后，2008 年末资产规模仅为 3, 280 亿美元。主权财富研究机构则给出了一个相当高的估值，认为 2008 年末阿布扎比投资局管理的资产规模为 6, 270 亿美元。但即使考虑到 2009 年 3 月以来的市场复苏因素，这一估值也过于乐观。

位于美国华盛顿的彼得森研究所（Peterson Institute）给出的一份主权财富基金透明度排序报告显示，挪威和新西兰的主权财富基金的透明度最高，阿布扎比投资局位列最后。阿布扎比投资局近期已针对这一问题进行了改进并在其网站上披露了更多有关其投资过程的信息。同时，阿布扎比投资局还聘请了美国 Burson Marsteller 公关公司，以帮助改善其公众形象并消除那些有意投资的国家对其缺乏透明度和投资动机的顾虑。阿布扎比投资局还加入了国际货币组织（IMF）的主权财富基金创始国际工作组（SWF initiative International Working Group），并与新加坡淡马锡主权财富基金共同担任主席。该组织公布了圣地亚哥原则宣言，并于 2009 年 4 月在科威特城发布了科威特宣言，致力于在维护开放稳定的投资环境的同时，确保主权财富基金投资透明、管理科学和会计可信。

### （二）科威特投资局

与阿布扎比投资局类似，科威特投资局（KIA）也是组合投资者，其资金分为子孙后代基金和总储备基金（General Reserve Fund，GRF）。科威特投资局也与阿布扎比投资局类似，具有较高的权益类资产敞口，约为 60%。科威特投资局根据其投资目的国 GDP 在国际上的权重进行投资，但与阿布扎比投资局一样，它非常看重新兴市场，尤其是亚洲市场，并在中国开设了一个办公室。与阿布扎比投资局类似，科威特投资局在 2008 年也损失惨重，据 Setser 和 Ziemba 估计，其资产价值下降了 36%。彼得森研究所认为科威特投资局在海湾主权财富基金中透明度最高，因为其聘请了独立的专业审计机构，并向科威特议会和内阁提交年度报告。由于科威特是海湾地区国家较为民主的政权且拥有议会，因此科威特投资局也相对受到更多的公众监督。科威特投资局每六个月通过科威特国家审计署向议会提交一份涉及其投资活动各个方面的详细报告。

（三）卡塔尔投资局

卡塔尔投资局是海湾地区主权财富基金投资中的后起之秀，其成立于 2005 年，此前卡塔尔发现巨大的天然气储备并因此积累了巨额的国家财富。据估计，卡塔尔投资局的资产规模为 650 亿美元。与阿布扎比投资局和科威特投资局类似，卡塔尔投资局也具有较高的权益类资产敞口，但除组合投资外，其还持有大量的战略投资。卡塔尔投资局相对看重欧洲市场，先后进行了参股伦敦证券交易所、巴克莱银行、四季医疗和赛恩斯伯里连锁超市等交易，也使用杠杆并表现出对贵重资产的偏爱。与其他主权财富基金类似，卡塔尔投资局在 2008 年也遭受巨额损失，据 Setser 和 Ziemba 估计，其资产损失约 41%。

（四）沙特阿拉伯货币局

沙特阿拉伯货币局不是严格意义上的主权财富基金，更像是保守的中央银行。它负责管理政府的外汇储备和非储备的外币资产。在所有海合会国家主权财富基金中，沙特阿拉伯货币局是 2008 年国际金融危机以来投资表现最好的一个，这得益于其保守的资产配置策略，主要持有债券和银行存款并注重保持较高流动性。据 Setser 和 Ziemba 估计，沙特阿拉伯货币局 80% 的资产是美元债券。由于约 20% 的较低权益类资产敞口，沙特阿拉伯货币局在 2008 年相对于其他主权财富基金损失较小，资产价值仅下降了约 12%。由于沙特阿拉伯人口规模较大，因此沙特阿拉伯货币局的负债期限也比阿布扎比投资局、科威特投资局和卡塔尔投资局要短。国际金融危机爆发后，为应对财政紧缺、原油价格下跌和原油减产，沙特阿拉伯货币局动用了约 500 亿美元的外汇储备。

（五）沙特阿拉伯投资公司

沙特阿拉伯投资公司（Sanabel Investments）是一家国有基金，资本金为53亿美元。尽管还没有实际运营，但其主要投资于金融证券、资本品、房地产和外币。沙特阿拉伯投资公司主要投资于欧洲、美国和日本等发达国家市场。沙特阿拉伯旨在将沙特阿拉伯投资公司作为沙特阿拉伯与跨国公司间进行技术转让与市场开发的桥梁。

（六）穆巴达拉发展公司

穆巴达拉发展公司成立于2002年，是隶属于阿布扎比政府的一家私募和战略投资企业，由阿布扎比王储谢赫·穆罕默德·本·扎伊德·阿勒纳哈扬（Shaikh Mohammed bin Zayed Al – Nahyan）担任主席。其管理的资产规模约133亿美元，主要青睐于能够带来高收益的长期投资，并致力于通过技术转让和建立合资企业促进阿联酋国内经济多元化发展。穆巴达拉发展公司已涉足包括能源、航空、房地产、汽车、半导体、铝业和医疗等不同领域，例如，海豚能源公司、阿联酋 Masdar 项目、法拉利、超微半导体公司、凯雷集团、阿联酋铝业等。在2008年国际金融危机中穆巴达拉发展公司损失了约22%的资产。

（七）国际石油投资公司

国际石油投资公司（IPIC）是阿布扎比政府于1984年成立的一家国有企业，由谢赫·麦苏尔·本·扎伊德·阿勒纳哈扬（Shaikh Mansour bin Zayed Al – Nahyan）担任主席。与穆巴达拉公司类似，IPIC 专注于长期战略性持有石化、冶炼等与原油相关行业企业的股票。但近期其超越传统投资领域，开始持有其他行业企业的股份，例如通过子公司 Al Aabar 收购了戴姆勒公司10%的股份，成为该汽车品牌最大的股东。IPIC 的投资规模超过140亿美元。它还持有北欧化工（Borealis）65%的股份。北欧化工的另一股东是奥地利 OMV 集团，IPIC 持有该集团17.6%的股份，这进一步增加了 IPIC 对北欧化工的控制权。投资北欧化工是以国际投资促进国内经济多元化的一个生动案例，因为北欧化工是位于阿布扎比的石化公司 Borouge 的合资方，该公司成立于1998年，由阿布扎比国家石油公司（ADNOC）和北欧化工各持股50%。

（八）阿布扎比投资委员会

阿布扎比投资委员会（ADIC）是阿布扎比主权财富基金，成立于2006年。该委员会持有阿布扎比约30%的石油收入，其余70%由阿布扎比投资局持有。除购入诸如纽约克莱斯勒大厦等国际投资外，阿布扎比投资委员会还入股两家大型国有银行：阿布扎比商业银行和阿布扎比国家银行。因此与阿布扎比投资局专注国际投资不同，ADIC主要进行国内投资。

（九）巴林玛姆塔拉卡特控股公司和阿曼国家储备基金

玛姆塔拉卡特控股公司、国家储备基金分别为巴林和阿曼的主权投资机构，负责国家储备的投资管理，资金规模分别为91亿美元和82亿美元。与其他产油国的主权财富基金相比，这两个基金规模相对较小且主要投资国内市场。但这两个基金也不断尝试多元化投资。巴林玛姆塔拉卡特控股公司投资美国、欧洲和亚洲地区包括金融服务和商品等不同行业的企业，阿曼国家储备基金则持有保加利亚工商银行的绝大多数股份。

（十）迪拜投资、迪拜国际资本和哈伊马角投资局

迪拜投资（Istithmar）、迪拜国际资本和哈伊马角投资局是海湾地区主权财富基金中的后来者。这些投资公司的杠杆率普遍较高，接近80%，在2008年国际金融危机爆发之初就损失惨重。这些公司本质上是通过资本账户和借债而非依靠石油美元收入融资。由于它们属于主权债务，因此市场对把这些投资公司归为主权财富基金存在异议。迪拜国际资本由迪拜统治者（酋长）而非迪拜政府所有，因此可看作是一家私募基金，欧洲是其主要投资区域。迪拜投资是隶属于迪拜世界的一家投资机构，迪拜世界由迪拜政府所有。哈伊马角投资局是隶属于哈伊马角政府的一家投资机构，资本金约12亿美元。其大量运用杠杆操作来投资哈伊马角当地的经济，例如制作陶瓷和生产基因药品。同时它也更加青睐境外的投资目的地，例如刚果的煤矿和超市，宣布计划向格鲁吉亚投资20亿美元。

## 二、主权财富基金和其他形式的主权财富——国有企业

国有企业是继中央银行储备和主权财富基金之后的第三类主权财富。海合会国家的大部分经济由国家控制，其股票市场由少数几家大企业主

导，政府是这些企业的控股股东，而大部分私人企业一般由家族持有且未上市。规模最大的国有石油企业的情况类似，在每个海合会国家，规模排名前20位的企业均未上市。例如沙特阿拉伯阿美石油公司和其他国有石油公司、迪拜控股、阿联酋航空、阿布扎比投资局、科威特投资局和其他投资机构。另外，海合会国家的上市企业中，规模前10位的企业的市场资本之和约占上市企业资产规模总额的50%～80%。海合会国家的绝大多数大型企业由政府控股。例如在沙特阿拉伯基础工业公司、沙特阿拉伯电信公司、沙特阿拉伯电力公司和阿联酋银行中，政府控股均为70%左右。在其他企业中，政府持股比例相对较小，例如迪拜房地产公司 Emaar 中的政府持股份额约为30%。碳氢化合物部门的企业从未上市，其产值约占海合会国家名义 GDP 的40%。

国有石油公司不仅是海合会国家最重要的企业，也是国际上最有价值的企业。英国《金融时报》联合麦肯锡咨询公司将沙特阿拉伯阿美石油公司列为全球最有价值企业，估值约7,810亿美元。科威特石油公司排名第五位，估值约3,780亿美元。同时，不断提高的私有化程度以及私人家族企业更加公开透明将带来更大的市场和更自由的资本流动，这有利于海合会国家股票市场的发展。

沙特阿拉伯基础工业公司（SABIC）是海湾国家经济战略多元化转型最早也最被经常提及的案例之一。沙特阿拉伯基础工业公司成立于1976年，当时石油化工企业通常建在终端产品市场即工业化国家，而不是原材料市场，因此咨询机构专业人士曾对在产油国建立石化企业普遍表示怀疑。但经过多年发展，沙特阿拉伯基础工业公司已成为石油化工领域的跨国企业，它通过并购发达国家的石化企业不断壮大，例如收购了美国通用电器塑胶（GE Plastics）、英国亨斯迈石油化工（Huntsman Petrochemicals）以及荷兰 DSM 的石化分部。

阿联酋迪拜铝业公司和卡塔尔钢铁公司是海合会国家发展重工业、实现经济多元化的典型案例。近年来，这两家企业通过国际投资以确保铝土和铁矿石原材料供应充足。在电信领域，阿联酋电信公司（Etisalat）和 Zain 集团等公司已取得了西非、巴基斯坦和中东的国际电信牌照。位于迪拜的伊玛尔地产公司（Emaar）尝试将自己定位为一家全球房地产企业。迪拜港口世界公司则通过在全球购买港口将自己打造成为一家国际物流供应商。

阿布扎比国家能源公司是具有战略定位的国有企业代表。阿布扎比国家能源公司由阿布扎比地方政府控制，成立于2005年，其资产估值超过234亿美元。作为一家能源行业的全球企业，阿布扎比国家能源公司的投资领域涵盖能源生产、海水脱盐、原油和天然气、可再生能源以及采矿和金属冶炼，海外投资遍布海湾、中东、北非、欧洲、亚洲和美国。阿布扎比国家能源公司控股的企业垄断了阿布扎比85%的电力供应和90%的海水脱盐能力。

**表2.11　海合会国家中拥有海外投资的大型国有企业**

| 公司名称 | 所属行业 | 成立时间（年） | 国家持股比例（%） | 对外直接投资 |
| --- | --- | --- | --- | --- |
| 沙特阿拉伯基础工业公司（SABIC） | 石油化工 | 1976 | 70 | 通用塑胶（美国），亨斯迈石化（英国），荷兰皇家帝斯曼集团（DSM），在中国的投资项目 |
| 卡塔尔钢铁公司（QASCO） | 钢铁 | 1974 | 70 | Spher投资公司（毛里塔尼亚） |
| 阿布扎比能源公司（Taqa） | 公用事业、能源 | 2005 | 75.1 | 加拿大石油公司，利比亚原油牌照，摩洛哥电厂 |
| 伊玛尔地产公司（Emaar） | 房地产 | 1997 | 32 | 中东和北非，印度，John Laings集团（USA） |
| 迪拜港口世界公司 | 物流 | 1999 | 80 | 全球港口 |
| 迪拜铝业公司 | 铝业 | 1979 | 100 | 在几内亚、印度奥利萨邦投资设立炼铝厂 |
| 北欧化工/博禄公司 | 石油化工 | 1998 | 64 | 与奥地利石油天然气集团（OMV）合资办厂 |
| 阿联酋电信公司（Etisalat） | 电信 | 1976 | 100 | 在西非和巴基斯坦持有移动经营牌照 |
| Zain集团 | 电信 | 1983 | 24.4 | 在中东、苏丹和摩洛哥拥有移动经营牌照 |

## 三、海合会国家主权财富基金的投资形式

### （一）坚持货币多元化的投资策略，适度降低美元资产占比

海合会国家主权财富基金持有约65%的石油美元，在各国中央银行外

汇储备中，美元资产平均占比约 70% 。阿布扎比投资局是全球最大的主权财富基金。为降低风险，稳定收益，2004 年以来海湾国家逐渐采用多元化的外汇储备策略，逐步降低美元资产占比。沙特阿拉伯货币局严格执行盯住美元的汇率政策，美元资产占比地区最高，为 70% ~80% 。

（二）“向东看”趋势明显，流向亚非地区的资金规模扩大

2002－2006 年，海合会国家 55% 的主权财富基金投资流向美国，其次是欧洲。“9·11”事件和 2008 年国际金融危机以后，海合会国家主权财富基金“向东看”趋势明显，投向亚洲和非洲地区的资金规模不断扩大。一是阿拉伯区域内投资快速增加。2001 年以来，沙特阿拉伯、阿联酋和科威特等国累计向黎巴嫩、埃及和突尼斯等国投资达 41.8 亿美元，约占区域内投资总额的 69% 。二是更加重视中国、印度和韩国等亚洲新兴市场国家。2010 年，海湾产油国在中国、日本、印度等亚洲国家的投资比例增加至 15% ~30% ，而在欧美地区的投资比例由 2006 年的 75% 降至 50% 左右。目前，海合会国家主权财富基金已经参股中国工商银行、中国农业银行等中国金融机构，迪拜投资在中国上海设立了代表处，这是其首次在阿联酋以外地区设立代表处。

（三）积极兼并收购海外实体企业，有效改善国内经济结构

为改善过度单一的经济结构，进一步延伸石油化工产业链，海合会国家正积极运用主权财富基金兼并收购国外实体企业。阿布扎比主权财富基金购买了奥地利石油天然气公司，收购挪威的北欧化工公司，积极满足国内化工企业的技术革新需要。巴林主权财富基金收购了英国迈坎伦集团 30% 的股份以促进本国铝业发展，并借助该公司的专业技术发展本国汽车配件制造业。

（四）投资对象与方式更加丰富，投资策略更趋积极

目前，海合会国家主权财富基金的投资对象已经从美国国债、指数基金等低风险、低收益资产逐渐转向私募股权、对冲基金、金融衍生产品和房地产等领域，投资范围进一步扩大。投资方式也更趋灵活积极，跨境兼并、杠杆收购等日益频繁。阿布扎比投资局向花旗银行注资 75 亿美元，科威特投资局参股戴姆勒公司，卡塔尔投资局购入巴克莱银行 7% 的股份。

海合会国家新设立的主权财富基金投资策略更加积极主动，例如迪拜国际资本向汇丰控股注资 10 亿美元，迪拜投资将 60% 的资产投资于世界各主要城市的房地产。

## 四、海合会国家主权财富基金发展展望

海合会国家的主权财富基金在 2008 年下半年损失惨重，这引起了对其专注国际投资组合是否明智的疑问，以及是否可以改投国内实体资产的思考。除沙特阿拉伯货币局坚持保守的债券组合投资策略外，以股权投资组合为主的阿联酋阿布扎比投资局（ADIA）、科威特投资局（KIA）和卡塔尔投资局（QIA）均损失惨重。美国加州大学洛杉矶分校经济学教授 Giacomo Luciani 认为将更多资金投资于国内是明智的，并可通过资产规模扩张和业务能力提升成为国内领跑者。这样的国内龙头企业具有国际竞争潜力并可通过跨境并购成为全球性企业。由于海合会国家鼓励私人部门发展壮大，因此最理想的是支持私有而非国有公司逐渐成为国内龙头企业。同时，以主权财富基金控股私人企业并使其成为行业龙头的方式也并不可取，这只是私人企业国有化的一种隐蔽方式。

相对于借助主权财富基金大量投资国外市场，海合会国家可以将更多资金用于建立捐赠基金和国家发展银行，以此获得国内私有企业的股份并为私有企业提供融资。捐赠基金可以为教育、医疗和养老等半独立的社会服务提供融资，而这些服务有助于提高国内经济效率和多元化水平。同时这些捐赠基金可以为私人家族式企业规模扩张、专业化程度提高等提供必要的资金支持。因此，海合会国家可以帮助其国内私有企业实现现代化，并逐步适应国际市场标准和竞争环境。在这个过程中，建立捐赠基金和国家发展银行将成为带动国家经济社会发展的新工具，主权财富基金的作用将逐渐减弱。

尽管上述主张逻辑清晰，但必须正视海合会国家股票市场在 2008 年国际金融危机中遭受了比经济合作与发展组织（OECD）国家股票市场更大损失的现实，同时，经济过度依赖能源、技术工人缺乏以及其他结构性缺陷造成海合会国家承接长期、可持续性的投资项目的能力有限。油价上涨

期间海合会国家出现的很多“形象工程”和房地产泡沫是这种境况的集中体现。因此不能把国内投资看做是可以规避类似主权财富基金国际化投资损失的保险政策，而是在国家层面整合了主权财富基金的发展与多元化投资目标。此外，国内投资成功与否在很大程度上取决于这些投资策略能否比投资于国际资本市场取得更多收益。

近年来，伴随着全球金融市场失衡以及中国和原油出口国经济实力增强对全球力量均衡的改变，主权财富基金引起了专业投资人士和决策层的关注。很多对主权财富基金的研究略带“西方式偏见”，把它们要么看成是威胁，要么看成是投资项目的潜在客户。尽管如此，主权财富基金通常与其所有者即主权政府及其对应债务人的国内发展规划相关。主权财富基金的投资策略可能会随着国内经济结构变化、国际金融市场形势变动、经济社会面临的新挑战以及资产负债的变化而改变；其中，国内经济结构变化包括更加追求投资多元化、支持国内大企业发展以及扶持私人企业等，国际金融市场形势变动包括金融海啸等，经济社会面临的新挑战以及资产负债变动的例子则包括人口结构变化、基础设施扩张等。

海合会国家主权财富基金之间的差异也非常明显。阿布扎比投资局、科威特投资局等大型主权财富基金通常具有较高的风险容忍度且股权投资占比较高，而沙特阿拉伯货币局等中央银行的资产管理相对保守。后者对较高流动性的偏好源于对流动资产的潜在偏好，一旦出现金融危机或原油收入波动，中央银行可用这些流动资产为发展项目提供短期融资。而在产油高峰期已过的阿曼、巴林等国家，主权财富基金用来为经济多元化提供融资服务。最后，近几年成立的迪拜投资、迪拜国际资本等杠杆基金，由于其债务融资属性，不能被归为主权财富基金。

除投资西方国家证券市场外，海合会国家的国际战略投资声名远扬，包括对外直接投资、并购以绝对控股以及涉及几十亿美元的大型组合投资，以帮助其国内经济实现多元化和重新找准定位。与 20 世纪 70 年代相比，这类国际战略投资规模显著增长，而且也开始投资亚洲市场。主权财富基金不适合进行这类国际战略投资，穆巴达拉发展公司、国际石油投资公司等私募基金，或者沙特阿拉伯基础工业公司、迪拜港口世界公司等国有企业似乎更适合。这主要是因为海合会国家已宣布要扩大私有部门，且家族企业需要融资和进行国际扩张，同时未来需要考虑如何通过捐赠基金和国家发展银行促进私人部门发展。因此，海湾地区国家的主权财富基金可能会随着这些投资方式的发展而日渐式微。

# 第三章

# 海合会国家货币政策

货币政策是指中央银行为实现特定的经济目标而采用的各种控制和调节货币信贷及利率等变量的方针和措施的总称。中央银行（货币局）是负责制定和实施货币政策的机构，是金融体系中的重要组成部分。

## 第一节　海合会国家货币政策的实施主体

### 一、卡塔尔中央银行

卡塔尔中央银行（Qatar Central Bank，QCB）的前身是卡塔尔—迪拜货币委员会和卡塔尔货币局。

1966 年 3 月 21 日，卡塔尔和迪拜签署货币协议，设立卡塔尔—迪拜货币委员会，并于 9 月 18 日发行国家首版货币，称为卡塔尔—迪拜里亚尔（QDR），1 单位 QDR 相当于 0. 186621 克纯金，与海湾卢比保持固定汇率，共同盯住英镑。1973 年卡塔尔成立卡塔尔货币局，承担中央银行职责，发行卡塔尔里亚尔，确保币值稳定和货币可自由兑换，盯住美元。1993 年 8 月，卡塔尔中央银行正式成立，延续盯住汇率制，盯住美元，汇率为 1 美元兑换 3. 64 卡塔尔里亚尔。

#### （一）组织架构

董事会是卡塔尔中央银行的最高权力机构，设董事会主席（行长担任）、副主席（副行长担任）、特别顾问、财务部代表以及经济贸易部代表等职位。下设管理主席一职，负责行政办公室、风险管理部、保险监管部、金融稳定与统计部和卡塔尔信用委员会五个部门的事务。另外，设管理副主席，负责中央银行各项工作的具体实施。2013 年，卡塔尔中央银行董事会发表决议，成立金融稳定和风险控制委员会，研究金融市场中与金融服务相关的问题及解决方案，协调各监管当局加强合作与信息交流，创造良好的监督管理环境，并对行政许可、反洗钱等重大业务进行组织、控制和监督。该委员会会议原则上每月召开一次，在需要时可由主席召集临时会议。

货币政策委员会负责制定卡塔尔中央银行货币政策，货币委员会下设的研究部和货币政策部负责研判卡塔尔利率与国际利率运行态势，尤其是卡塔尔利率与美国联邦基金利率的关系，并向货币政策委员会报告；讨论卡塔尔中央银行的货币政策立场及发展预期，确保里亚尔对美元币值稳定。里亚尔与美元利率差是货币政策委员会的主要政策工具。货币政策委员会的决议会向卡塔尔商业银行公布，也会通过当地媒体向非银行公众宣布（见图3.1）。

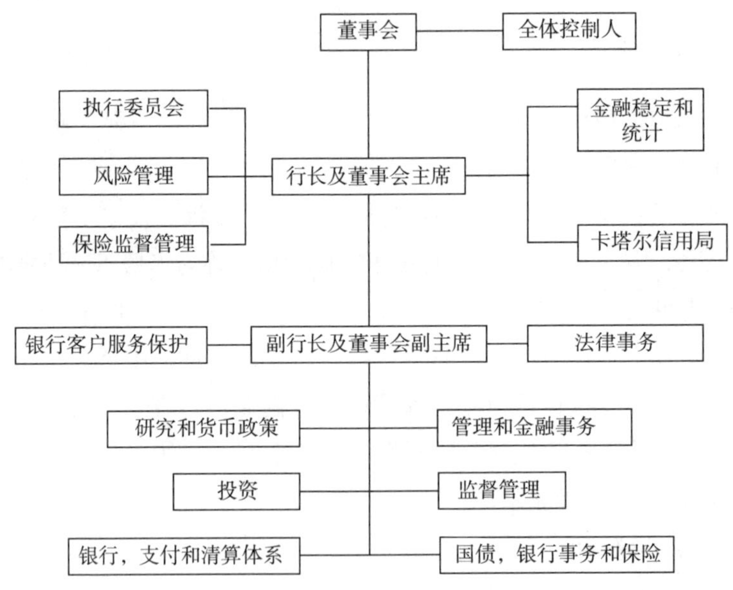


**图3.1 卡塔尔中央银行组织架构**

（二）主要职责

卡塔尔中央银行的主要职责包括保持本国货币币值稳定，监督国内各行业金融活动，建立稳定、透明、竞争的金融环境，增强公众信心，确保金融活动促进本国实体经济发展，为支持和发展国家经济作出贡献；通过稳定汇率、物价、金融及银行体系，力求实现国家总体经济与金融政策协调实施；制定和执行国家货币政策、汇率政策、金融政策、调节国内银行监管框架、出台国内金融行业规章制度及监管标准、实施具体业务监管以及金融消费者权益保护等。

## 二、沙特阿拉伯货币局

沙特阿拉伯实施准中央银行制度[1]。沙特阿拉伯货币局（Saudi Arabian Monetary Agency，SAMA）成立于1952年，履行中央银行职责。沙特阿拉伯货币局负责货币发行，维持物价和汇率稳定，管理外汇储备，监管整个金融体系。1961年3月，沙特阿拉伯按照国际货币基金组织协议条款发行本国货币——沙特里亚尔。

### （一）组织架构

董事会是沙特阿拉伯货币管理局的最高权力机构，董事会之下设局长，内审部和关系部作为独立部门对局长负责。设副局长负责具体事务执行，下设法律事务部、风险与合规部、投资绩效和风险控制部、投资部、支付系统部、经济研究部、银行控制部等（见图3.2）。

### （二）主要职责

沙特阿拉伯货币管理局的主要职责包括作为政府机构管理国内商业银行事务、外汇储备；铸造和印制本国货币，稳定沙特里亚尔币值；通过货币政策稳定国内物价和汇率；促进金融体系稳定；监督银行业、交易所、保险公司、财务公司、信用信息公司的交易及相关活动等。

## 三、阿联酋中央银行

阿联酋中央银行（Central Bank of the United Arab Emirates，CBUAE）的前身是1973年5月成立的阿联酋货币局。阿联酋货币局仅负责发行本国

---

1 准中央银行制度，指国家不设通常完整意义上的中央银行，而设立类似中央银行的金融管理机构执行部分中央银行职能，并授权若干商业银行执行部分中央银行职能的中央银行制度。采取这种中央银行组织形式的国家有新加坡、马尔代夫、斐济、沙特、塞舌尔等。

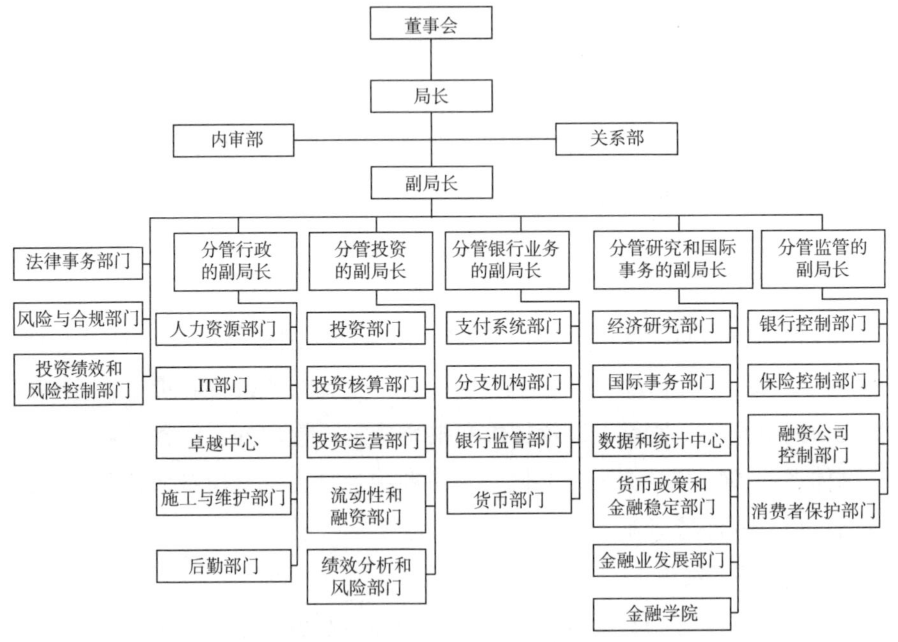


**图 3.2 沙特阿拉伯货币管理局组织架构**

货币（阿联酋迪拉姆），替代之前使用的巴林第纳尔、卡塔尔里亚尔和迪拜里亚尔。阿联酋货币局在确保银行部门有效组织和健全运行方面发挥了重要作用。1980 年 12 月 10 日，阿联酋中央银行在阿联酋货币局的基础上组建成立。根据相关政策规定，阿联酋中央银行负责发行货币，确保币值稳定及其与外汇的自由兑换，以此促进国民经济平衡增长；监管银行体系；向政府提供货币和财务咨询，维持黄金和其他货币的官方储备；作为国家经营的“银行”，在国际货币基金组织（IMF）和世界银行（WB）等国际金融机构中担任政府的金融代理人，负责本国的金融外交。

（一）组织架构

阿联酋中央银行总部设在首都阿布扎比，并分别在迪拜、沙迦、哈伊马角、富查伊拉和艾因设有五个分行。各分行的主要职责是促进银行间交易以及确保银行与中央银行间的交易顺利进行，分行下设银行业务部、会计部和行政事务部三个部门。

理事会是阿联酋中央银行的最高权力机构，成员包括主席、副主席、行长、副行长以及其他四名成员。阿联酋中央银行总部下设七个内设部门（Departments）：银行监管和审查部、银行业务部、研究和统计部、行政事务部、财务控制部、国库部和内部审计部；七个职能部门（Divisions）：信息技术部、人事部、代理银行部、公共关系部、总秘书处和法律事务部、阿联酋清算系统（SWITCH）、办事处；七个工作组（Units）：反洗钱和可疑案件组、信息技术项目组、战略组、立法发展组、银行和货币统计组、金融稳定和参照组，以及风险管理组。

（二）主要职责

阿联酋本国法律赋予中央银行以下权力：行使发行货币的权力；维护货币对内、对外价值稳定，确保货币自由兑换；制定信贷政策，使国民经济均衡增长；推动银行业发展，监管银行体系的有效运行；在法律规定的限度内从事政府银行的职能；就金融货币事务向政府提出建议；维持黄金和外汇储备；为本国银行提供再贷款；在国际货币基金组织、世界银行、阿拉伯基金和其他国际金融机构中代表政府处理金融事务。

## 四、阿曼中央银行

1970年以前，阿曼的银行机构数量较少、业务规模有限，国家一直未授权成立负责货币政策的机构。1970年和1972年，阿曼先后成立了马斯喀特货币局和阿曼货币局，即阿曼中央银行（The Central Bank of Oman，CBO）的前身。1974年，阿曼银行法颁布，阿曼中央银行正式成立。为更好地为国内银行机构提供服务，覆盖日益广泛的银行活动，阿曼中央银行在阿曼南部和北部地区分别设立了塞拉莱分行（1978年）和苏哈尔分行（1988年）。

（一）组织架构

阿曼中央银行由以下部门组成：理事会、审计委员会、银行监管部等。其中，理事会为阿曼中央银行的最高决策机构，由七名成员组成，按季度召开例会。理事会权力范围很大，包括发布符合阿曼银行法规定的有关政策、规定商业票据贴现和再贴现费率、规定资本充足率、人事任命以及其他必要的规定（见图3.3）。

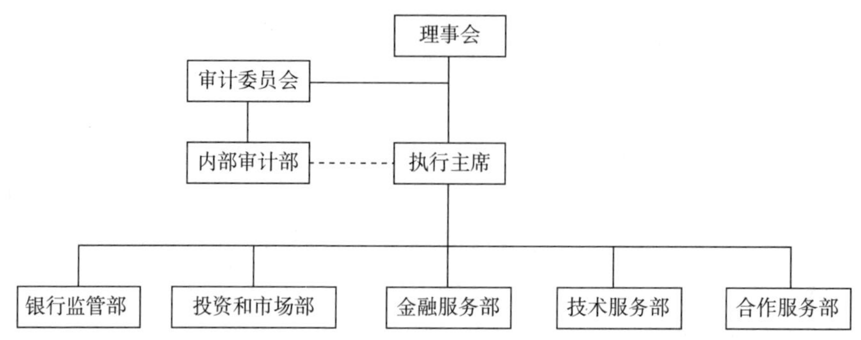


**图 3.3　阿曼中央银行组织架构**

（二）主要职责

阿曼中央银行的宗旨是通过高效且富有弹性的政策措施，构建稳定、高效、透明的货币政策框架，促进宏观经济调控、维持物价稳定并提高国家社会福利。具体职责包括建立和实施稳健的货币和信贷政策，促进建立稳定和健全的银行金融体系并进行动态监管，维持本国货币价值稳定，促进、调节和监督支付结算系统，为银行和政府提供财务顾问，管理国家外汇储备，收集、分析并向社会发布经济统计数据等。

## 五、巴林中央银行

巴林中央银行（Central Bank of Bahrain，CBB）的前身是 1973 年成立的巴林货币局（BMA）。2006 年，巴林根据《巴林中央银行和金融机构法》设立了中央银行，负责维护巴林货币和金融稳定。巴林中央银行是该国金融业的唯一综合监管机构，监管范围包括银行、保险、投资业务（资本市场活动）等在内的多个领域。

（一）组织架构

董事会为巴林中央银行的最高决策机构，包括 1 名董事长、6 名董事会成员，董事会决议由行长执行，行长下设 4 名执行董事和 15 名董事（见图 3.4）。

（二）主要职责

根据 2006 年颁布的《巴林中央银行和金融机构法》规定，巴林中央

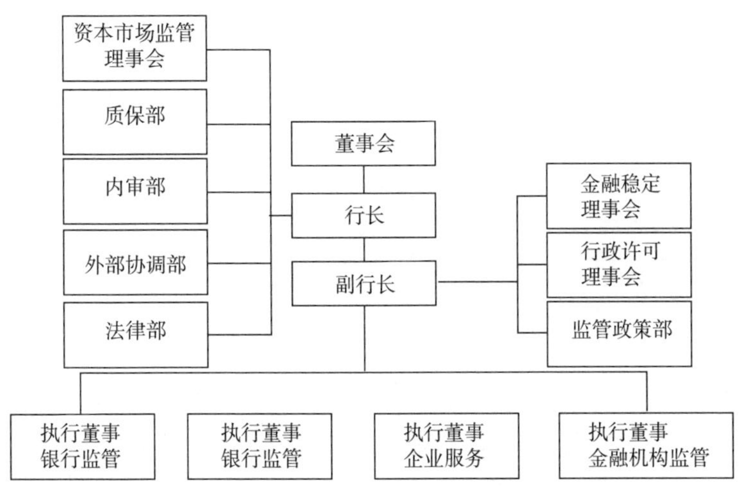


**图 3.4　巴林中央银行组织架构**

银行的主要职责包括作为中央银行执行货币信贷及其他金融部门的宏观调控政策；向政府和金融部门提供有效的中央银行相关服务；增强金融机构对经济发展的信心，保护存款人和金融机构客户的利益，提高巴林国际声誉。

## 六、科威特中央银行

科威特中央银行（The Central Bank of Kuwait，CBK）的前身是科威特货币局，科威特货币局的职能仅限于货币发行。为了与国际金融发展保持同步，促进本国经济和社会发展，1969 年 4 月 1 日科威特中央银行正式开始运作，其职能范围拓展至制定和执行货币政策，实施银行监管。根据科威特《中央银行法》有关规定，科威特中央银行初始实缴资本为 500 万科威特第纳尔，由政府全额缴纳，可遵照相关法令予以增加。

（一）组织架构

科威特中央银行由董事会管理，董事会不仅包括行长和副行长（任期五年），还包括财政部代表、商业和工业部代表，以及在经济、金融和银行事务等方面具有丰富经验的四名成员（任期三年）。

行长办公室是科威特中央银行的最高权力机构，下设副行长办公室，对行长办公室负责。具体下设的部门有法律办公室、内部审计办公室、金融稳定办公室、金融监督部、组织与行政管理局、信息技术与银行运营局、海外业务部、经济研究部和沟通与公共关系部等（见图 3.5）。

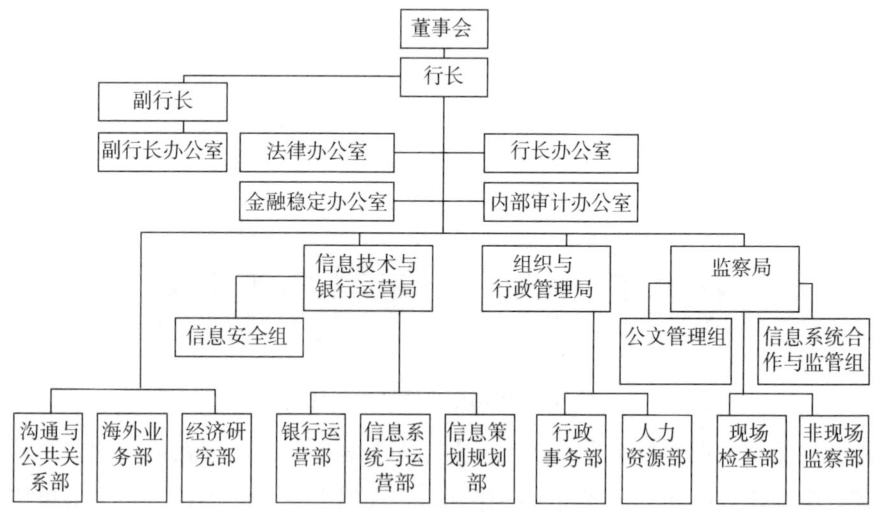


**图 3.5　科威特中央银行组织架构**

（二）主要职责

1968 年颁布的科威特第 32 号法律第 5 条规定了科威特中央银行的主要职责，具体包括代表国家发行本国法定货币，保持科威特第纳尔的币值稳定，并确保其自由兑换，通过实施直接信贷政策促进社会和经济发展并提高国民收入，管理国内银行业机构，作为政府的银行提供财务顾问信息等。

## 第二节　货币政策框架

完整的货币政策框架一般包括货币政策目标、货币政策工具和货币政策传导机制三部分。货币政策目标是指中央银行采取调节货币信贷的措施所要达到的目的。货币政策工具是指中央银行为实施货币政策所采取的各种措施、手段和方法。中央银行根据货币政策目标，运用货币政策工具，通过金融机构的经营活动和金融市场传导至企业和居民，对其生产、消费和投资等行为产生影响的过程，被称为货币政策传导机制。

近年来，海合会国家大力实施货币政策改革，各国中央银行试图建立以市场为导向的货币政策机制，在盯住汇率制（除科威特第纳尔盯住一篮子货币外，其他国家均盯住美元）的基础上，复合运用多个货币政策工具，传导中央银行货币政策信号，调节银行体系流动性。

## 一、货币政策目标

根据国际货币基金组织的观点，按货币政策目标的不同，货币政策框架可分为五种，包括以汇率作为名义锚、以货币总量作为中介目标、通货膨胀目标制（IT）、接受国际货币基金组织方案的货币政策目标以及其他。其中，以汇率作为名义锚，是指一国货币当局通过买卖外汇使本币汇率维持在之前宣布的水平和范围内。

海合会国家均以汇率作为名义锚，把各国货币对美元（或一篮子货币）汇率保持在固定水平（见表3.1）。但各国货币当局在货币政策目标的表述上不尽相同，有的国家明确将维持本币币值稳定作为其货币政策的首要目标，其他职责都居于相对次要的地位。而另一些国家则将货币政策目标界定为“在固定汇率制的基础上，同时实现低通胀率和币值稳定”。

**表3.1　海合会国家汇率政策**

| | 官方政策（法律限定） | 实际安排 |
|---|---|---|
| 沙特阿拉伯 | 20世纪80年代至1986年，盯住特别提款权；<br>1986年中期至今，盯住美元。 | 固定汇率制<br>与单一货币（美元）挂钩 |
| 卡塔尔 | 1975－2001年，盯住特别提款权；<br>2001年中期至今，盯住美元。 | 固定汇率制<br>与单一货币（美元）挂钩 |
| 阿联酋 | 20世纪80年代至2001年，盯住特别提款权；<br>2002年至今，盯住美元。 | 固定汇率制<br>与单一货币（美元）挂钩 |
| 阿曼 | 20世纪80年代至今，盯住美元。 | 固定汇率制<br>与单一货币（美元）挂钩 |

续表

| | 官方政策（法律限定） | 实际安排 |
|---|---|---|
| 巴林 | 20 世纪 80 年代至 2001 年：盯住特别提款权；<br>2002 年至今：盯住美元。 | 固定汇率制<br>与单一货币（美元）挂钩 |
| 科威特 | 1975－2002 年：盯住一篮子货币（非特别提款权）；<br>2002－2007 年，盯住美元。<br>2007 年至今，盯住一篮子货币（非特别提款权）。 | 2001 年之前盯住一篮子货币；<br>2001－2007 年，盯住美元；<br>2007 年以来盯住一篮子货币。 |

（一）卡塔尔

卡塔尔中央银行货币政策的主要目标是保持汇率稳定，确保卡塔尔里亚尔对美元汇率固定在 3.64:1。因此，其利率政策须为该目标服务，通过调节短期银行间利率来保持里亚尔对美元的汇率稳定。2002 年，卡塔尔中央银行用隔夜拆借利率取代回购利率，目前卡塔尔中央银行以银行间隔夜拆借平均利率作为政策利率。商业银行在卡塔尔中央银行的流动性存款账户是卡塔尔中央银行管理流动性的主要途径，流动性存款账户的总和也被称为“主流动性”或“卡塔尔里亚尔流动性”。

（二）沙特阿拉伯

沙特阿拉伯的货币政策目标是在盯住美元的固定汇率制下（1 美元＝3.75 沙特里亚尔），维持物价和汇率稳定。

（三）阿联酋

阿联酋的货币政策目标是通过制定和实施货币、信贷和银行政策，支持国民经济增长和保持币值稳定。具体包括保持币值的内外稳定，确保本国货币与外币自由兑换；实现国民经济的平稳增长；组织推动银行业务，监督银行体系的有效性；维持政府的黄金和外汇储备。

（四）阿曼

阿曼中央银行制定和实施货币和信贷政策，首要目标是确保币值稳定，进而建立稳健、健全的银行金融体系。

（五）巴林

巴林坚持市场经济导向，对资本流动、外汇、国际贸易或外国投资不设政策限制。巴林中央银行负责在此框架下，以巴林总体经济发展为目标制定和实施货币政策。巴林中央银行货币政策目标是在维持巴林第纳尔与美元固定汇率制的基础上，实现低通胀率和币值稳定。

（六）科威特

科威特中央银行的货币政策首要目标是维持第纳尔币值稳定，减轻通货膨胀的影响；次级目标是促进社会和经济进步，增加国民收入。

## 二、货币政策工具

货币政策工具是指货币当局为实施货币政策所采取的各项措施、手段和方法。在市场经济国家，传统的货币政策工具为法定存款准备金、再贴现和公开市场操作。另外，不同的国家在不同的时期还有一些选择性的工具，如窗口指导（道义劝说）、信贷限额等。

为了调控流动性和信贷，除政策利率以外，海合会国家中央银行还运用公开市场操作、常备便利等货币政策工具管理短期流动性，并运用存款准备金率、长期政府债券、宏观审慎工具调控流动性结构。近年来，海合会国家中央银行正致力于从直接信贷和利率控制转向实施间接货币政策工具。

（一）海合会国家货币政策工具总体情况

1. 政策利率引导

各国中央银行公布商业银行本国货币贷款和存款的政策利率，指导国内商业银行存贷款利率调整，进而调控国内货币市场。在利率市场化进程中，各国中央银行逐渐取消存贷款利率最高限额，由市场自主决定，使国内私营部门信贷能够自由定价。

2. 外汇储备基金

当汇率偏离理想水平时，可以动用外汇储备基金对汇率进行调节。本币贬值时，抛售外汇拉抬本币；本币升值时，买入外汇投放本币。

3. 存款准备金制度

为确保国内商业银行保持适当的流动性，各国中央银行开设商业银行经常账户，向商业银行收取无息准备金，协助调整各银行机构的结构流动性情况，但是，并没有计划将准备金制度作为积极的货币政策工具。

4. 公开市场操作

各国中央银行根据国内实际情况发行各类中央银行债券，以调节国内货币供给量，抑制通货膨胀，维持国内物价稳定。例如阿曼中央银行发行的政府发展债券、科威特的公共债券（包括长期和短期）、巴林国库券、沙特阿拉伯浮动利率债券和政府发展债券等。

5. 贴现

海合会国家为银行机构提供贴现业务，商业银行可将尚未到期的汇票向各国中央银行进行贴现，中央银行也可以通过确定贴现利率主动向国内银行机构开展贴现业务，以调节国内货币供给量，维持币值稳定。

（二）卡塔尔

1. 法定准备金

商业银行在卡塔尔中央银行按其平均存款总额的一定比例缴纳准备金。该比率是基于每月第十六天至次月第十二天的平均每日存款总额计算的。这部分准备金以里亚尔的形式储备，且不计息。

2. 存款凭证

由卡塔尔中央银行发放，按固定或浮动利率存入中央银行授权的某家银行。凭证到期时，持有人可获得本金和利息。

3. 卡塔尔中央银行里亚尔利率（QCBLR）

卡塔尔中央银行里亚尔利率是卡特尔中央银行向市场传递其货币政策信号的关键利率。它的变化代表卡塔尔中央银行货币政策方向的调整，降低表明货币政策趋向宽松，上升表明货币政策收紧。它在指导银行间同业拆借平均隔夜利率和帮助调节市场利率整体水平方面发挥着重要作用。

4. 卡塔尔货币利率（QMR）

卡塔尔货币利率包括贷款利率（QMRL）和存款利率（QMRD），卡塔尔中央银行允许本地成员银行以预先指定的利率和限额向卡塔尔中央银行存放或拆借隔夜资金。存放期限为隔夜到 30 天不等，拆出期限未作具体规定。

5. 回购

回购操作即卡塔尔中央银行根据协议规定以指定价格在指定的未来日

期（根据2002年第49号通知限制为两周或一个月）将转售的资产购买回来。严格来说，回购交易属于间接货币政策工具，因为它们通常由商业银行发起，中央银行通过市场化运作，管理银行体系流动性。卡塔尔中央银行设置了回购协议的利率和期限（货币市场工具的特征），商业银行确定回购交易的规模和时间。回购协议为商业银行提供了较高利率的长期资金来源。因此，回购利率有助于指导长期银行间货币市场利率。

6. 其他工具

除以上四种货币政策工具以外，卡塔尔中央银行还使用公开市场操作和再贴现等货币政策工具。

（三）沙特阿拉伯

货币政策工具是沙特阿拉伯货币局为达到货币政策目标而采取的手段。主要包括回购交易和在公开市场买卖政府债券。

（四）阿联酋

迪拉姆（阿联酋货币）盯住美元的固定汇率削弱了中央银行货币政策工具的有效性。目前，阿联酋中央银行通过运用货币政策工具提供并管理商业银行流动性。

1. 最低法定准备金要求

商业银行需在中央银行存放一定比例的准备金，中央银行通过管理准备金来控制商业银行的贷款规模。目前，活期储蓄账户的准备金比率为14%，定期存款的准备金比率为1%。此外，银行需要将其在海外非居民银行的迪拉姆存款的30%放于中央银行。

2. 美元/迪拉姆掉期

美元/迪拉姆掉期是注入迪拉姆流动性的方式，以应对迪拉姆流动资金的短缺。掉期安排，即出售和远期购买美元的同时，以固定期限、特定的掉期利率，购买和销售远期迪拉姆。期限包括一周、一个月、三个月、六个月、九个月和十二个月等。

3. 银行垫款和贷款

中央银行可以向银行提供贷款和垫款，无抵押品可提供七天垫款，有抵押品可提供最多六个月的贷款。

4. 审慎监管

（1）资本充足率。《巴塞尔协议》要求银行资本充足率应不低于8%，但阿联酋中央银行要求该指标不得低于10%，2009年9月增至11%，2010年6月增至12%。

（2）贷款和垫款与稳定资金的比率。银行需要维持贷款和垫款占稳定性资金的比例小于1。分子由贷款和垫款（包括剩余期限超过三个月的同业拆借）组成，分母包括自由资本、准备金、剩余期限超过六个月的银行同业存款和客户存款的85%。

（3）个人贷款限额。目前规定个人贷款的上限为25万迪拉姆。个人私人住宅或国民担保不具有抵质押品属性。信用卡贷款不在个人贷款限额之内。

（4）大额敞口限额。当前阿联酋中央银行规定大额敞口上限为银行资本的八倍。

5. 存款凭证和回购

中央银行发行存款凭证，并以此管理流动性。流动性过剩的银行可用其剩余资金购买不同期限的存款凭证。存款凭证发行系统采取拍卖的形式，以阿联酋迪拉姆、美元或欧元计价。每日发行一周至十二个月较短期限的存款凭证，每个公历月的首个星期一发行期限为两年至五年的长期存款凭证。商业银行与阿联酋中央银行之间可以通过交易回购存款凭证获得流动性。只要存款凭证没有任何抵押，银行可以在存款凭证存续期间的任何时候向中央银行赎回。

6. 流动性支持工具

阿联酋中央银行于2008年9月创设流动性支持工具以应对2008年国际金融危机造成的短期流动性紧张。商业银行需要流动性供给时，可以利用每周滚动一次的方式连续获得中央银行的资金。

（五）阿曼

目前，阿曼中央银行暂未通过公开渠道向社会公布其货币政策工具篮子。但透过部分非官方的平台了解到，阿曼中央银行也进行了一些公开市场操作，例如发行政府发展债券等。

（六）巴林

巴林中央银行坚持流动性松紧适度的货币政策，主要举措包括不直接影响信贷成本或调整信贷结构；不对市场利率作直接控制，设置政策利率走廊（上限为贷款利率，下限为隔夜存款利率）；七天存款利率为巴林中央银行关键政策利率（通常构成短期市场利率走廊的中点）。巴林中央银行使用三种类型的工具来执行货币政策，其中汇率政策是其货币政策核心。

1. 汇率政策

巴林中央银行实行盯住美元的汇率政策。确定巴林第纳尔对美元官方汇率为1美元兑0.3763巴林第纳尔。巴林中央银行认为，对于小型开放经济体而言，如果配合适当的配套政策，盯住美元可以有效提高货币政策的可信性和透明度，维持金融稳定。

2. 货币政策常备安排

除了汇率政策外，巴林中央银行还可以提供其他备用工具来调整银行体系的流动性状况。巴林中央银行的主要备用工具为资金拆出和资金拆入，这两者的利率即为巴林中央银行的政策利率。巴林中央银行通过政策利率引导巴林货币市场短期利率，并最终影响巴林零售利率（巴林市场主体在商业银行的存贷款利率）。

3. 存款准备金

巴林中央银行要求国内设立的所有零售银行均应缴纳存款准备金。存款准备金率为5%，以巴林第纳尔计值。存款准备金不计息。但是值得注意的是，存款准备金要求不是巴林中央银行主动管理日常流动性的货币政策工具。

（七）科威特

科威特中央银行货币政策工具以汇率政策为主，旨在维持和增强本币币值的稳定性，确保国内经济免受输入型通货膨胀的影响。汇率政策在科威特经济中的地位至关重要，但科威特中央银行并未对资本流动施加限制。除汇率政策以外，科威特中央银行还配合使用一些宏观审慎工具，例如监控银行流动性、银行信贷、审慎监管等，以确保金融系统稳定。

科威特中央银行汇率政策经历了三阶段的历史演进。第一阶段（1975年3月18日至2002年末），科威特中央银行采取的是盯住一篮子货币的加权汇率政策，科威特中央银行将与其有重大贸易和财政关系的国家货币设为篮子货币，并根据经贸关系设定权重。这期间盯住一篮子货币的汇率政策使第纳尔与世界主要货币汇率保持了高度稳定性。第二阶段（2003 年 1 月 5 日至 2007 年 5 月 19 日），第纳尔仅盯住美元，兑换率为 1 美元兑 299.63 第纳尔，上下浮动 3.5%。第三阶段（2007 年 5 月 20 日至今），为了吸收前期美元对世界主要货币贬值的负面影响，科威特中央银行重回 2003 年以前的盯住一篮子货币政策，以保护本币购买力，降低通货膨胀压力对本国经济造成的不利影响。

## 三、货币政策传导机制

货币政策传导机制是指货币当局根据货币政策目标，运用货币政策工具，通过金融机构的经营活动和金融市场传导，影响企业和居民的生产、消费和投资等行为，最终对需求产生影响的过程。传统上，货币政策的传导渠道主要有信贷传导、利率传导、资产价格传导、汇率传导和预期传导。

就海合会国家而言，一是货币政策传导渠道有限。在固定汇率制下，海合会国家汇率渠道失效。二是货币政策传导效率较差。海合会国家金融机构和金融工具还不够丰富，货币市场发展水平有限，对贷款规模及利率上限的任意设定也影响利率等渠道的传导效率。

不断丰富金融机构和金融工具，发展国内金融市场，是海合会国家提高货币政策传导效率、增强货币政策传导效果的关键。

## 四、货币政策独立性和透明度

### （一）海合会国家货币政策独立性

海合会国家货币政策独立性较弱，一方面表现在海合会国家货币政策执行机构的性质是行政机构，直接对本国政府负责，履行调节国内金融市场、发行货币、为政府提供财务顾问等职能，目的在于支持国内经济发展，因此受政府政策影响较大，执行操作中在一定程度上可能影响货币政策实施的短期效果；另一方面表现在海合会国家基本上实行盯住美元（或一篮子货币）的固定汇率制度，资本账户开放政策和盯住（或基本上盯住）汇率制显著降低了各国政策工具的传导效率，进而在一定程度上影响了各国货币政策的独立性。

（二）海合会国家货币政策透明度

货币政策透明度是指中央银行向公众披露信息的数量和准确度，具体属性包括公开（openness）、清晰（clarity）、诚实（honesty）和共同理解（common understanding）。货币政策的透明度有利于形成公众合理预期、提高中央银行的独立性和声誉，有利于维持中央银行货币政策的动态可信性和提高中央银行工作人员的能力，有助于疏通货币政策的传导渠道、提高政策运行效率。海合会国家通过发布统计资料、货币政策信息等向公众公开货币政策的决策依据，对当前宏观经济形势进行分析和预测，引导公众形成正确的投资与消费预期，避免市场波动，确定国内通货膨胀预期，进而达到货币政策实施效果，引导或调整公众的投资和消费行为，同时获得公众对货币政策的理解和支持。

## 第三节　货币政策实践

受盯住汇率制约束，海合会国家货币冲击有两个源头，即货币政策的传导渠道包含两方面：一是外部渠道，即国外中央银行货币政策对海合会国家的传导；二是内部渠道，即海合会国家运用多种政策工具，通过利率、信贷和资产价格渠道传导货币政策信号。

### 一、国外政策冲击传导

因海合会国家（科威特除外）均采取盯住美元的固定汇率制，国外中央银行货币政策冲击源主要来自美联储。美联储利率、信贷以及资产价格波动都会通过相应的渠道传导至海合会国家。各渠道中，政策利率更能反映货币政策的结果和意图，对比 2004 年 1 月至 2011 年 1 月美国与海合会国家的利率走势，可以发现海合会国家政策利率与美国联邦基金利率长期保持一致，这与各国均采取盯住汇率制，放松资本管制的背景相符。但从短期看，各国利率并不总与美国利率保持一致（见表 3.2）。

**表 3.2　海合会国家政策利率与美国联邦基金利率关联度比较[1]**

| 国别 | 短期内，各国政策利率与美国联邦基金利率紧密度 | 传导效率差的个别原因 | 传导效率差的共同原因 |
|---|---|---|---|
| 科威特 | 不紧密，尤其是在 2008 年国际金融危机之后。 | 盯住一篮子货币的汇率制度，使科威特在汇率和货币政策选择中具有更大的灵活性。 | 一是金融危机后，尤其是雷曼破产后，海合会国家中央银行不再愿意遵循美国货币政策，二是在全球危机的背景下，海合会国家无须通过限制资本流入来维持高利率。 |
| 阿曼 | 不紧密，尤其是在 2008 年国际金融危机之后。 | 阿曼对银行体系中的资本流动有较为严格的管制。 | |
| 卡塔尔 | 不紧密，尤其是在 2008 年国际金融危机之后。 | 无个体原因。 | |
| 阿联酋 | 不紧密，尤其是在 2008 年国际金融危机之后。 | 无个体原因。 | |
| 巴林[2] | 较为紧密。 | / | / |
| 沙特阿拉伯 | 较为紧密。 | / | / |

注：1. 除阿曼为隔夜拆借利率外，其他国家均为 3 个月期银行同业拆借利率。2. 巴林、沙特阿拉伯政策利率与美国联邦基金利率关系较为紧密，无须解释说明。

## 二、国内政策冲击传导

盯住美元为所有海合会国家（科威特除外）的货币政策提供了名义锚，但该区域的货币当局仍使用存款准备金、贷存比，以及其他一些宏观操作工具管理流动性。因货币政策传导受制于多重因素，例如金融体系的结构（金融体系的监管程度、利率上限以及对地域和产品的限制），中间商的竞争程度，银行系统对浮动利率产品（存款和贷款）的使用，长期存款的实际负利率，投资组合对政策利率的反应，以及货币政策操作的透明度等，使各国货币政策传导效率不尽相同。与国外政策冲击类似，下面从利率渠道观测各国货币政策传导效率。对比 2004 – 2011 年海合会国家同业拆借利率与存款和贷款利率的关系，总的来看，海合会国家银行间同业拆借利率向存贷款利率的传导效率较差（见表 3.3）。

**表 3.3　海合会国家政策利率与存贷款利率紧密度比较**

| 国别 | 各国政策利率与其存贷款利率紧密度 | 传导效率差的个别原因 | 传导效率差的共同原因 |
|---|---|---|---|
| 巴林 | 稍强，但仍有较大程度的背离，巴林的贷款利率相对政策利率调整较慢，20个月后，利率才能得到充分调整。 | 对消费者信贷设限。 | 长期来看，可能与金融体系中监管的存在、竞争的缺乏以及投资组合对政策利率的替代有关。短期来看，传导缓慢可能是由于中介机构间缺乏竞争，以及对浮动利率产品使用不足造成的。 |
| 科威特 | 稍强，但仍有较大程度的背离。存贷款利率相对政策利率调整缓慢，冲击发生后半年仅能实现二分之一的调整。 | 强制要求贷款利率必须以政策贴现率为上限。 | |
| 阿曼 | 不存在相关性。 | 监管规定，个人贷款中信贷组合的占比不得超过40%，并对利率设置了上限。 | |
| 卡塔尔 | 整体关系较弱。 | 对房地产贷款进行限制（包括对贷款绝对额的限制，以及与收入挂钩的贷款利率上限的规定）。 | |
| 沙特阿拉伯 | | | |
| 阿联酋 | | | |

注：无法获取沙特阿拉伯、阿联酋存贷款利率数据。

综上，利率上限或投资组合份额等规定是影响海合会国家政策利率传导的主要摩擦因素。由于海合会国家货币市场发展水平有限，利率传导效率较低不足为奇。如果海合会国家能不断丰富金融机构和金融工具，政策信号必将更为有效而迅速地向市场传递。发展水平较低的金融市场通常会有较大幅度的利率波动，这使市场主体难以排除政策信号干扰，这必将降低市场传导效率。对贷款规模及利率上限的任意设定也必将影响利率波动的传导效率。继续发展国内金融市场，应是海合会国家提高利率传递效率，增强货币政策传导效果的关键。

# 第四章

# 海合会国家货币联盟

货币联盟（Monetary Union）是指统一使用同一种具有计价单位、交换媒介和价值储藏三大职能的货币的地理区域。其理论基础为马克思的货币理论和蒙代尔的最优货币区理论。目前最成功的范例是欧洲经济货币联盟，欧元的诞生堪称创举。

2001 年，海合会各成员首次提出成立海湾货币联盟。基本设想是参照欧洲经济货币联盟形式组建海合会国家的货币联盟。该动议的法律基础为 2001 年《海湾经济协定》第 4 条："为实现成员之间经济货币融合，形成高度协调的经济政策、财政政策，实现货币统一，完善银行业立法，成员应制定统一的财政货币稳定标准，如预算赤字、负债和价格水平等，并按照规定时间表完成本联盟的相关要求。" 2009 年末，货币联盟的另一项重要法规——《货币联盟协定》（MUA）正式生效。值得注意的是，阿曼和阿联酋出于不同原因，目前尚未签署《货币联盟协定》。2010 年 3 月，海湾货币委员会（GMC）正式成立，主要任务是参考欧盟经验，做好海湾货币联盟的各项筹备工作。

2010 年 5 月，由于欧元区的债务危机给该地区经济带来巨大的负面冲击，海合会国家决定暂停正在推进中的海湾货币联盟建设进程，并对欧债危机及建立区域货币联盟进行反思。因此，海湾货币联盟目前尚无明确的推进时间表。本章主要介绍建设海湾货币联盟的基础、法律和组织框架及相关筹备工作。

## 第一节　货币联盟的基础

成立货币联盟是一个阶段性过程，具体如下：设立自由贸易区—组成关税同盟—形成内部（共同）市场—建立货币联盟并最终形成政治联盟。货币联盟具有多种优势，如有助于形成商品服务单一市场、消除外汇风险、整合金融市场等，因此货币联盟被视为内部市场上的无冕之王。对于海合会国家而言，共同的民族特征和归属感是其努力构建货币联盟的一个重要因素。换句话说，充分的区域一体化是货币联盟顺利运作并真正获利的前提。本节将从以下三个方面进行详细阐述：市场一体化和金融市场一体化、经济趋同、法律趋同。

## 一、市场一体化和金融市场一体化

参照欧盟经验，衡量市场一体化和金融市场一体化的主要标准有：

（1）商品能否自由流动；

（2）劳动力能否自由流动；

（3）服务的形成和提供能否自主；

（4）资本能否自由流动；

（5）公司法；

（6）金融服务：涉及银行、证券交易和投资服务、支付和证券清算系统、抵押品及其合同执行以及破产等方面的立法是否完善；

（7）经济和货币政策：应遵循中央银行独立原则，禁止货币融资和特殊准入；

（8）统计数据；

（9）关税同盟。

金融一体化可促进整个单一货币区货币政策的平稳传递，因此它对单一货币政策的执行至关重要。同时，金融一体化也与金融稳定息息相关。一方面，它能够增加分散风险的机会，改善金融市场准入条件；另一方面，它也能够扩大溢出效应及其传导范围。金融一体化有助于海湾中央银行履行支付结算职能，促进其支付和证券清算等系统安全平稳运行。此外，各国普遍认为金融一体化还有助于提升非通货膨胀性经济增长潜力。

## 二、经济趋同

货币联盟的基础包括以下两个方面。第一，各经济体对建立货币联盟的一致性。由于货币联盟执行单一的货币和汇率政策，维护的是整个单一货币区的利益，不可能对其加以调整以适应个别成员的需要，因此成员无法在货币联盟中实行本国的货币和汇率政策，丧失了对本国宏观经济政策的自由裁量权，由此可见，各国对建立货币联盟的拥护和支持程度是其建立的重要基础。第二，充分的经济和金融一体化。经济和金融一体化有利于各国在货币联盟建立之初就享受较低的交易成本并降低汇率风险，因此它是建立货币联盟的另一个重要基础。

基于以上两点，可以说，建立货币联盟首先要确保各成员足以承受失去宏观经济政策自由裁量权造成的损失，且这一损失不能高于其在减少交易成本、降低汇率风险以及经济高度一体化等方面获得的收益。因此，为了顺利运作并增加所有海合会国家成员的经济利益，货币联盟应从提高各国货币和经济趋同性并扩大成员之间的兼容性开始。各成员应该有广泛同步的经济周期，经历类似的外部冲击（如国际大宗商品价格波动等），并具有相似的通货膨胀率、经济增长率和近似的收入水平。此外，各国应确保财政收支平衡，名义双边汇率应具有高度的稳定性。

2016 年，海合会国家制定了以下五项趋同标准：

（1）通货膨胀率不应超过六个海合会成员通货膨胀率加权平均值的 2%；

（2）平均短期利率不应超过三个最低利率平均值的 2%；

（3）年度财政赤字不应超过 GDP 的 3%；

（4）公共债务率不应超过 GDP 的 60%；

（5）海合会成员货币应与美元保持固定挂钩。

财政政策是经济政策中最重要的因素。货币联盟能否可持续发展，取决于是否采取永久、健全且获得广泛同意的财政政策标准。此外，执行这些财政规则还需要海合会国家各成员的政治支持。

## 三、法律趋同

货币联盟成立后，部分国家和地区的法律框架将受到很大影响，相关协调措施应尽快落实到位。中央银行的概念、目标、政策工具和权力设置也应尽快配套跟进。此外，在海湾中央银行正式成立前，与信贷机构、支付体系、证券等相关的法规制度也必须尽快完善。欧盟将这一过程定义为“法律趋同”，通常具有以下三个方面的特点。

（一）中央银行独立

主要包括：

（1）机构独立，禁止海合会国家及其成员向海湾货币委员会、海湾中央银行和各国中央银行发布指令；

（2）个人独立，确保海湾货币委员会、海湾中央银行和各国中央银行决策人员的最低任期（仅在丧失工作能力或严重渎职时方可解聘）；

（3）功能独立，确保海湾货币委员会与海湾中央银行能够充分行使权力，利用各种政策工具实现其法定目标；

（4）财务独立，海湾货币委员会与海湾中央银行可运用多种财务手段独立完成目标任务。

（二）国家立法以外的其他中央银行章程同样适用

《货币联盟协定》第 17 条第 1 款对国家立法规定如下：“各成员应采取一切措施和程序，确保其各项国家立法，包括中央银行章程的一致性，使海湾中央银行能有效履行职能。”此外，《海湾货币委员会章程》第 5 条对《货币联盟协定》第 7 条重复规定如下：“对于与货币联盟相关的任何立法动议，各成员均应与海湾货币委员会磋商”。这项规定既能够使各成员从海湾货币委员会获益，也允许海湾货币委员会为货币和金融领域的立法协调作出贡献，但该条款还需要进一步明确。

第一，“与货币联盟有关的任何立法动议”是一个泛称，为避免混淆，有必要进一步作出说明。第二，海合会国家和海湾货币委员会应对不遵守这项义务的后果加以明确。第三，部分程序性问题如协商程序的时限应予以明确。第四，与货币联盟相关的立法应设为可变目标，可视具体情况予以补充完善。第五，海湾中央银行也应适用该项规定（《货币联盟协定》尚未提及，可通过《海湾中央银行章程》加以明确）。最后，海合会国家应考虑建立共同协商机制，将现阶段的专业性工作以海合会国家决议或建议的形式公布。

## 第二节　货币联盟的法律和组织框架

### 一、《货币联盟协定》

货币联盟的建立和运行需要事先确立全面的法律框架和合理的组织结构，并在现有的海合会国家组织结构下完善区域货币机构框架。《货币联盟协定》为货币联盟的建立和运行奠定了法律和组织基础。

《货币联盟协议》第 3 条规定货币联盟的基本职能如下：

（1）协调成员经济政策，确保货币和财政稳定，实现整个单一货币区高度可持续的经济趋同；

（2）筹建货币联盟支付系统等基础设施；

（3）在银行监管方面采用银行立法和共同规范，以维持货币和金融稳定；

（4）设立货币委员会，筹建独立的中央银行，在单一货币区实行货币和外汇政策；

（5）发行单一货币取代各成员货币。

此外，《货币联盟协定》还包含以下条款：海湾货币委员会相关规定，单一货币政策相关规定，海湾中央银行相关规定等。

### 二、海湾货币委员会

海湾货币委员会的主要任务有两个。一是作为机构论坛，暂代海湾中央银行履行职能，为即将成立的货币联盟做好技术准备，以便各国中央银行开展合作。包括：（1）加强海合会成员中央银行之间的合作；（2）促进海合会成员间货币政策、汇率政策及业务方面的协调；（3）作为中心机构，组织、协调和监测货币联盟的各项准备工作。二是作为新的货币当局——海湾中央银行的前身。这表明新成立的海湾中央银行将负责制定单一货币政策并维护汇率稳定。

（一）海湾货币委员会的目标和任务

《货币联盟协定》第 6 条和《海湾货币委员会章程》第 4 条对此规定

如下：

海湾货币委员会的核心目标是为货币联盟准备必要的基础设施，特别是建立中央银行，完善其运作和分析职能，主要有：

（1）强化各成员中央银行间的合作，为建立货币联盟提供必要条件；

（2）在海湾中央银行正式成立前，做好各成员货币和汇率政策协调工作；

（3）监测各成员中央银行向实体企业发放贷款情况，并颁布相关规定；

（4）确定海湾中央银行与国家中央银行联合履行职能所需的监管、组织和后勤框架；

（5）为单一货币区制定必要的统计框架；

（6）发行单一货币计价的纸币和硬币，并制定单一货币区货币发行和流通框架；

（7）建立和完善单一货币区支付结算体系；

（8）监督成员是否遵守货币联盟法规，特别是在经济趋同方面，是否遵守使用单一货币的承诺；

（9）确定发行和使用单一货币的时间表；

（10）提出建立货币联盟和海湾中央银行，以及发行单一货币等相关事项的立法动议。

以上第4项和第9项明确了海湾货币委员会的重要性。根据《货币联盟协定》第9条，除以上事项外，海湾货币委员会还有权确定单一货币的名称、面额、设计、安全特征以及与外币的汇率。此外，《海湾货币委员会章程》第11条规定，海湾货币委员会理事会可通过“命令”（内部文书，用以确保海湾货币委员会的任务授权得到充分履行）和“强制性程序”成立海湾中央银行并确保海合会成员遵守承诺。值得一提的是，《货币联盟协定》与《海湾货币委员会章程》均未明确规定海湾货币委员会对其他组织的责任和义务。同时，两项法规也没有事先明确货币联盟建立后海湾货币委员会与其他缔约方（如海合会国家一级的政治当局）之间的权利分配。

（二）决策机构

海湾货币委员会有两个决策机构：理事会和执行机构。根据《海湾货币委员会章程》第9条第1款和第12条第4款，海湾货币委员会理事会由各成员中央银行行长组成，海湾货币委员会执行总裁可参加会议，但无投票权，这与欧洲货币管理局类似。欧洲货币管理局主席可兼任理事会主席，负责日常管理，协调沟通共同体一级的政府当局，促进欧洲货币管理局的发展。此外，欧洲货币管理局与海湾货币委员会之间还有一个区别，前者的投票规则为简单多数和例外一致，而后者则遵循一致原则，没有例外。

（三）海湾货币委员会的独立性

作为未来的海湾中央银行，海湾货币委员会也应享有自主权，其法定职能履行应独立于海合会国家其他机构和组织，海合会国家有义务保障其相关权利。值得注意的是，海湾货币委员会虽然是海湾中央银行的前身，但二者在独立性方面的规定略有不同。

《海湾货币委员会章程》第7条规定如下：海湾货币委员会及其理事会成员和执行机构不得接受任何来自海合会国家相关机构、各国政府或其他部门的命令或指示，以免影响其履行本章程赋予的任务。此外，《货币联盟协定》第15条规定如下：禁止海合会国家及各成员政府向海湾中央银行、各国中央银行及其执行机构发出任何影响其履行本协定规定任务与职能的指示或命令。海合会国家与各国政府应严格遵守本规定，不得影响银行职员履行职责。

（四）海湾货币委员会的解散和海湾中央银行的成立

海湾货币委员会是临时性机构，其各项使命将在货币联盟正式运行后宣告结束。《货币联盟协定》第4条第2款规定："海湾货币委员会依法履行各项职能，直至海湾中央银行正式成立并取代其履行相关职责。"《货币联盟协定》第18条对海湾货币委员会的解散细节和海湾中央银行的继承发展作出了详细规定。此外，《货币联盟协定》第15条及《海湾货币委员会章程》第18条第3款规定："海湾货币委员会解散过程中发生的费用由各国中央银行均摊。"但实践中，由于海合会国家各成员人口和经济规模大小不一，可参考欧洲货币管理局先例，根据各国出资占股情况分摊解散费用。以上两种方案，都兼顾了政治因素，表达了海合会国家成员团结一致走向共同货币前景的心愿。

## 三、海湾中央银行

海湾货币联盟需要一个负责单一货币政策和汇率政策的区域性机构。货币政策是不可分割的，随着资本的自由流动和有效市场的发展，单一货币区内的流动性条件将在任何特定时间都趋向均衡。由于汇率是货币和金融条件的重要变量，所以货币政策和汇率政策密切相关。《货币联盟协定》将这一区域性机构设想为中央银行形式，主要为货币和汇率政策提供集中决策，服务于整个单一货币区的政策目标。鉴于海湾中央银行履行公共职能，因此其首要任务是保持物价稳定，这也是世界各国中央银行的通行职能。

### （一）目标和任务

《货币联盟协定》第 14 条规定：海湾中央银行的基本目标是优化利用经济资源，确保单一货币区物价稳定。主要任务有：

（1）制定和执行单一货币区货币和汇率政策，并确保各成员中央银行统一执行；

（2）经营管理单一货币区外汇储备；

（3）发行以单一货币计价的纸币和硬币；

（4）确保单一货币区支付结算系统有效运作；

（5）履行经营、统计和分析职能；

（6）制定对金融机构实施审慎监管的一般规则。

### （二）组织形式

理论上，海湾中央银行既可设为单一制区域中央银行，也可设为中央银行体系（跨国中央银行[1]）。前者由海湾中央银行取代各成员中央银行，各国中央银行可作为其分支机构；后者是海湾中央银行作为领导者和核

1 跨国中央银行制度的主要职能是发行货币，为成员政府服务，执行共同的货币政策及有关成员政府一致决定授权的事项。其显著特点是跨国界行使中央银行的职能，一般情况下与货币联盟相联系，如欧洲中央银行。

心，统一指导各国中央银行在其领导下履职。虽然《货币联盟协定》中并未明确使用“体系”一词，但相关条款说明海合会国家已选择后者作为海湾中央银行的组织形式：其中第 6 条第 4 款规定，海湾中央银行与各国中央银行“合作”履职；第 14 条第 1 款规定，各国中央银行“统一”执行单一货币区货币和外汇政策；第 18 条第 1 款规定，各国中央银行负责传达海湾中央银行的决策或指令，单一货币区内金融机构应遵照执行。

在欧洲中央银行实践中，由于中央银行体系的基本职能和目标由各国中央银行分散履行，引发了双方的一系列争议。此外，单一货币政策也需要各成员中央银行在政策工具和程序方面协调配合。因此，海湾中央银行应当在章程或其他法规中以法律形式明确双方从属关系。

（三）独立性、透明度和问责制

独立的法律地位、组织形式和职能履行有助于海湾中央银行实现稳定物价的基本目标。同时，独立的中央银行也更能够取得金融市场和公众的信任。由于海湾中央银行要从区域宏观视角出发，在由主权国家组成的货币联盟中开展业务，它的独立性、透明度和问责制就成为完成各项工作的先决条件。公开透明的工作程序有助于提高货币政策有效性，也有助于海湾中央银行独立履职。通过定期发布工作报告，为决策事项提供事后说明等方式，海合会国家、各成员、金融市场以及公众可对其目标完成情况进行评估。《货币联盟协定》第 15 条对海湾中央银行的独立性进行了明确规定，但并未涉及透明度和问责制相关条款，未来的《海湾中央银行章程》中应会提及相关事项。

（四）海湾中央银行和各国中央银行的关系

1. 海湾中央银行代表各国中央银行参与国际事务

《货币联盟协定》第 19 条规定：“整个单一货币区的国际金融合作，包括与其他国家、地区及国际组织签署双边或共同协议等，由海湾中央银行代表执行。”这表示海湾中央银行在这方面比欧洲中央银行更具话语权。欧洲中央银行理事会在国际货币基金组织的观察员身份足以说明欧洲中央银行无权代表欧元区。

2. 海湾中央银行和各国中央银行联合履行审慎监管职责

欧盟的审慎监管职责由欧洲中央银行各部门分别履行。海合会国家的相应职责则由海湾中央银行和各成员中央银行共同履行。这有助于提高海合会国家的银行业协调监管水平，也有助于提升各国中央银行在金融监管领域的地位。《货币联盟协定》第 3 条第 3 款规定："货币联盟应依据银行业法规实施监管，维持货币和金融稳定"；第 14 条第 6 款规定："海湾中央银行应制定对金融机构审慎监管的一般规则"；第 18 条第 2 款规定："海湾中央银行应制定审慎监管的原则、条件，以及维护金融稳定的必要程序和措施。"

从上述规定可以看出，目前《货币联盟协定》仅涉及了一些授权性条款，部分疑问还有待解答。一是海合会国家和海湾中央银行在审慎监管领域是否拥有立法权和监管权？二是海合会国家和海湾中央银行之间的职能将如何划分？三是各国中央银行的角色范围如何界定？四是海湾中央银行在金融稳定领域扮演什么角色？成立货币联盟必须从细则上对以上问题进行明确与规范。

（五）法律依据

颁布和实施单一货币政策应有相应的法律法规作为保障。但海湾中央银行的部分决策和指令并不具有法律效力，因此《海合会国家宪章》第 8 条、第 9 条对这部分决策和指令的执行进行了规定。此外，《货币联盟协定》和《海湾货币委员会章程》也对决策、强制性程序、指令、一般性规则、原则和条件、建议等形式的行政措施进行了规定。由于这类行政措施并不具备司法效力，因此其行政处罚或者由各国中央银行实施强制经济罚款，或者由仲裁法庭和成员仲裁。

（六）对海合会国家制度框架的进一步完善

1. 问责制的相关问题

尽管海湾中央银行依法独立履职，但这并不代表它处于政治真空的状态。因此，为了不影响其独立性，海湾中央银行需要融入海合会国家的整体制度框架中，这一过程必须保证以下几点：一是海湾中央银行拥有适度问责权；二是建立一个论坛，确保海湾中央银行与各成员当局间的对话顺畅；三是由海湾中央银行负责起草其职权范围内的所有立法。

2. 财政纪律的监督和执行

海湾中央银行应定期监测和评估海湾地区国家经济趋同情况，并对海合会国家各成员的财政纪律进行监督。

3. 司法控制

海合会国家自身的行为和履职同样应置于监管框架之下。因此，建立一个基于海合会国家法律之上，且不考虑任何潜在国家利益的独立司法审查机构十分必要。该机构应在货币和审慎监管领域形成监管和制裁权的相互制衡，从而确保单一货币区相关法律条文的统一性。目前，《货币联盟协定》仅有一项仲裁条款，并不足以解决货币联盟的各种纠纷。因此，海合会国家迫切希望特设一个货币联盟法院，裁决此类纠纷。

（七）阿曼和阿联酋的地位

阿曼和阿联酋都未签署《货币联盟协定》和《货币联盟公约》。目前，各成员在共同利益的驱使下，致力于海湾经济和货币联盟的发展，两国的退出势必引发共同利益方面的争议。未来阿曼和阿联酋将何去何从，海合会国家的制度框架也应考虑作出相应调整。

## 第三节　海湾货币联盟的筹备工作

货币联盟的筹备涉及不同群体，需综合考虑多种因素，如各种项目时间表、周期长短以及交付期限等，十分具有挑战性。必须先做好总体规划，各项工作才能协调同步进行。主要工作有：（1）明确任务；（2）分配责任；（3）明确各方关系；（4）成立领导小组，做好组织准备；（5）明确优先事项。

将各国货币替换成单一货币会引起很多法律、组织和沟通方面的问题，如兑换率、法律争议（如合同的连续执行问题）、现金兑换、沟通策略等。货币联盟成立后，单一货币将作为记账单位、交易媒介和价值储藏，影响经济生活的方方面面，涉及经济的各个领域，这将构成对海湾货币委员会和海湾中央银行的巨大挑战。为了确保透明度和公众接受度，需要通过立法明确其使用原则，如用户友好度、成本效益等。

为了协调海湾货币委员会和各国中央银行之间的合作，海湾货币委员会与各国中央银行代表成立了数个专项工作委员会。这些委员会将分别负责货币联盟建设项目的各个阶段，包括制定战略目标、做好技术测试和支持等。

1. 货币政策委员会

（1）制定和执行货币、汇率政策；

（2）负责在货币联盟正式成立前，组织协调各成员完成相关事项；

（3）负责趋同性评估以及其他经济情况的监测和报告；

（4）负责全区域基础设备准备工作；

（5）设计货币联盟过渡期管理框架；

（6）制定海湾中央银行货币政策战略；

（7）计划使用货币政策工具，完善使用程序；

（8）构建单一货币政策、汇率政策和国家财政政策相互关系发展的概念性框架。

2. 纸币和硬币委员会

（1）负责纸币和硬币的设计，确保基质和安全性能；

（2）负责纸币和硬币的印刷、铸造及质量控制；

（3）准备和管理现金兑换；

（4）建立货币需求，确保现金供给的平稳性和连续性；

（5）监测和分析假币情况。

3. 市场基础设施委员会

（1）制定海湾中央银行市场基础设施政策和目标；

（2）完善支付体系和支付工具，设计金融工具的交易、结算和清偿；

（3）制定抵押政策及其结算方式；

（4）定义中央银行系统，维护/服务运营设施；

（5）促进各方协调统一，提高竞争效率；

（6）负责相关问题的监督和监管。

4. 金融监管和金融稳定委员会

负责定位海湾中央银行的角色及其与金融监管者、监管机构、相关国际机构、超级大国之间的关系。

5. 统计委员会

（1）为货币和汇率政策协调提供实时数据支撑，监测趋同情况；

（2）满足建立货币联盟相关数据需求；

（3）开发集中数据程序；

（4）组织货币联盟的统计工作；

（5）完成信息技术基础设施建设。

6. 会计委员会

（1）管理海湾货币委员会财务资源，制定会计标准；

（2）执行中央银行会计，完成财务报表和统计报告；

（3）监测国际会计标准和国际财务报告标准的发展情况；

（4）负责规划海湾中央银行资本财务结构，分配铸币税及其他项目损益；

（5）满足用户对会计财务相关信息技术基础设备的需求。

7. 信息技术委员会

（1）负责会议设备通信确保文件转换安全；

（2）促进统计数据转换；

（3）维护业务数据转换设备；

（4）实现中央银行体系数据共享（如合格抵押品、交易对手方、货币、统计等相关数据），允许快速访问线上系统或者其他设备。

8. 通讯委员会

（1）负责货币联盟的筹备通知工作；

（2）负责现金兑换的前期宣传；

（3）畅通货币联盟内部沟通渠道，包括定期出版物等。

9. 法律委员会

（1）提出海湾货币委员会和海湾中央银行的补充性立法建议；

（2）补充完善货币联盟相关法案；

（3）通过海湾中央银行的法律条款；

（4）起草立法时征询海湾货币委员会/海湾中央银行意见；

（5）遵守海湾货币委员会/海湾中央银行法案；

（6）负责影响整个中央银行系统的法律事项；

（7）为其他委员会工作提供法律支持。

10. 人力资源委员会

（1）组织落实货币联盟培训事宜；

（2）做好海湾中央银行员工招聘及技能和专业知识培训。

11. 高级委员会

由各国中央银行副行长和海湾货币委员会副主席级别官员组成，旨在为董事会提供决策参谋。高级委员会主要关注中央银行系统的组织和治理、海合会国家和其他机构之间的关系、系统建设能力等问题。鉴于该委员会将负责处理很多技术性且耗时的议题，以及部分综合性、群体性的议题，如趋同性报告和单一货币的流通使用等，可能需要另设特别机构专门负责。

## 第四节　海湾货币联盟的监管框架

海湾货币联盟框架对以下问题进行了法律规范：

（1）使用单一货币所引起的问题：如传统货币合约的连续性、舍入规则、反假币制度等；

（2）单一货币流通所涉及的各方利益均衡问题；

（3）单一货币政策实施中涉及的跨部门跨地区数据采集问题；

（4）单一货币区支付系统运行中需要统一处理的问题：如终止支付和经营者破产处理等。

此外，为保证单一货币政策效益，还要通过强制性立法对部分市场惯例进行改革和创新。目前，海湾货币联盟的筹建虽被暂时叫停，但海湾地区国家货币金融一体化的趋势不会变，因此，仍有必要对已发现的货币联盟框架体系中的不足进行思考和完善。

# 第五章

# 海合会国家系统性金融风险

## 第一节　海合会国家系统性金融风险及其应对

### 一、原油价格周期与海合会国家系统性金融风险

当国际原油价格波动时，原油出口国政策制定者们的宏观调控将会面临巨大挑战。能源出口部门的波动会外溢到其他经济部门。在能源价格较高的时期，外部平衡和政府财政状况显著改善，国内流动性增加，消费和投资信心上升，常常引发信贷和资产价格泡沫。由于金融机构在经济上行周期增加贷款，使这些贷款更具风险，特别是发放给房地产行业的贷款（例如国际金融危机前的卡塔尔和阿联酋）。当能源价格下跌时，经济周期迅速逆转，那些在经济上行期承担过度风险的借款人和金融机构将承受更大的压力。尽管经济周期很大程度上受到外部因素的影响，但海合会成员当局仍需采取相应的国内政策加以应对。

由于多数石油出口国实施固定汇率制，因此在通常情况下，财政政策是它们管理经济周期的首道防线。在固定汇率制下，利率政策受到限制，国内税收政策通常也受限，其他财政政策特别是政府支出是宏观调控的关键工具。然而，由于政策滞后和支出刚性，财政政策通常不能灵活地预防信贷泡沫和金融体系系统性风险的积累。

由于海合会国家的经济金融特征，运用宏观审慎政策显得尤为重要。2008－2009 年的经历，暴露出了海合会国家在应对信贷和资产价格周期波动时的脆弱性。严重依赖石油收入，一些国家的财政政策表现出很强的顺周期性，而固定汇率制限制了货币政策的独立性，房地产成为主要的投资

资产，落后的金融市场制约了风险管理工具的使用，以及危机管理框架的缺陷——所有这些因素凸显了运用宏观审慎政策工具防范系统性金融风险的重要性。

对石油收入的依赖将海合会国家与全球石油市场发展紧紧联系在一起。高额石油收入使政府迅速积累大额财政盈余，财政支出的增加进一步促进了非石油部门经济发展（尤其是建筑业），并向银行系统提供充足的流动性支持。信贷和资产价格，以及消费者和企业信心指数在石油价格上升周期将急剧攀升。

## 二、国际金融危机对海合会国家的冲击

2003－2008 年，石油价格繁荣给海合会国家带来了大额财政和国际收支盈余，刺激了经济活动，也提升了各国消费者和投资人的信心指数。[1] 流动性充裕加速了信贷增长，也拉高了通胀指数和资产价格。海合会国家银行业实际年均信贷增长率达到 23%，卡塔尔和阿联酋银行业杠杆率大幅攀升。在部分海合会国家，信贷主要投向建筑与房地产行业，刺激当地房地产市场的发展；另一些国家的信贷投向则主要集中于有价证券。2007 年，海合会国家的股票市场收益率达到 22%～60%。在阿联酋，投机性投资持续刺激房地产市场价格走高。尽管海合会国家实施了一系列宏观审慎措施限制信贷增长，但这些现象仍在持续。

国内存款是大部分信贷增长的主要源泉。因为银行发行外币计价的中期票据，科威特、阿曼、卡塔尔和阿联酋可以在一定程度上解决资产负债期限错配的问题，持续增加外债。同时，银行也使用国外短期投机性存款为其信贷融资，这不仅使期限错配问题进一步恶化，也增加了其资产负债表的再融资风险。从企业的角度看，企业的快速发展一般与财务杠杆率快速上升相伴而生，企业融资成本上升的同时，融资的脆弱性也悄然增加。

1　国际金融危机以及海合会国家的应对政策的具体细节可参见 Khamis 和其他作者的报告（2010 年）。

受国际金融危机影响，海合会国家信贷和资产价格的繁荣在2008年末戛然而止。全球性减债、石油价格和产量下滑，致使海合会国家财政盈余大幅收缩，2008年9月至12月末，股票市场市值下跌41%（4,000亿美元），以迪拜为典型代表的房地产市场价格显著下跌，信用违约互换（CDS）被广泛用于主权债（尤其是迪拜），外部融资条件趋紧。政府果断采取政策减缓危机的影响，中央银行向市场提供了流动性支持，此外政府还通过向银行提供长期存款的方式直接注入流动性。这些措施包括放松存款准备金率（巴林、阿曼和沙特阿拉伯），降低政策利率（除卡塔尔外），提供存款担保（科威特、沙特阿拉伯和阿联酋），向银行注入资本（卡塔尔），以及购买银行持有的股票和不动产资产（卡塔尔）。

海合会国家在危机期间的表现证明，中央银行的法定授权应当扩充，同时应将维护金融稳定纳入中央银行的政策目标。

## 第二节　迪拜债务危机

### 一、迪拜的发展历程

阿联酋由七个酋长国组成，迪拜酋长国是阿联酋的第二大酋长国，面积为3,890平方千米，人口226万。迪拜曾经以盛产石油闻名。自1966年生产原油起，迪拜的石油产量在20世纪80年代初曾经达到每日40万桶，2000年还达到日产30万桶。21世纪以来，由于石油资源不足，迪拜的石油生产能力开始急剧下降，产量只有每日9万桶左右。随着石油产出能力的下降，迪拜的石油产业已经失去了国民经济支柱产业的地位。2006年，迪拜石油收入在GDP中的比重仅为3%，而在1975年这一比重曾达到75%。

随着石油产量的急速下降，经济多元化变得十分必要，因此迪拜较早地走上了经济多元化的道路。在重新认识本国的比较优势基础上，服务业成为迪拜经济发展战略首选，发展重点是金融、旅游、转口贸易、房地产等产业。因此，21世纪以来，迪拜的经济发展方向发生了显著的变化，大力发展服务业成为迪拜经济发展的新思路，服务业迅速成为迪拜新的经济增长点。

2008 年国际金融危机爆发前，大量逐利性资本流入迪拜新兴产业，导致迪拜由于过度举债开发房地产而积累大量债务。国际金融危机爆发，使迪拜在国际金融市场的投资受到影响，出现严重亏损；由于迪拜长期实行本币迪拉姆与美元挂钩的汇率制度，货币随着美元同步贬值，引发通货膨胀。

2008 年国际金融危机的到来，也使迪拜房地产和旅游两大主业遭受重大冲击，房价大幅下跌，游客规模和消费水平大幅萎缩，大量奢华建筑沦为“烂尾楼”。迪拜房地产价格自 2008 年 8 月的最高峰下跌了近 50%。阿联酋在金融风暴过后约有价值 4, 300 亿美元的建筑项目被取消，而仅在迪拜就有 400 处房地产项目冻结。

## 二、迪拜债务危机的发生

（一）债务违约

2009 年 11 月 26 日，伴随迪拜最高财政委员会宣布将重组其旗舰控股公司迪拜世界公司（Dubai World，以下简称“迪拜世界”），并与债权银行商讨，请求把迪拜世界的债务偿还暂停六个月。广大海外投资者这才发现，迪拜世界的债务余额加上迪拜政府的其他负债，已经达到 1, 260 亿美元，相当于迪拜 2008 年 GDP 的 158%，远远超出国际货币基金组织规定的 45% 的警戒线。这一消息震惊全球投资者，触发了信心危机，这也是自 2001 年阿根廷违约以来，全球最大的主权基金违约事件。

迪拜世界的机构债权人约有 70 家，它们当中的 50% 来自英国，包括汇丰控股、巴克莱资本、劳埃德银行和苏格兰皇家银行等大型机构投资者，其余 50% 来自瑞士、荷兰等国的商业银行。这些刚刚经历国际金融危机的商业银行，现在又面临巨额坏账。持有债务的主要银行及债权到期时间见表 5. 1。

**表 5.1 迪拜世界 2010－2014 年部分到期债务所涉银行及风险敞口**

| 到期时间 | 2010 年 5 月<br>2011 年 5 月<br>2013 年 5 月 | 2012 年 8 月 | 2014 年 8 月 |
|---|---|---|---|
| 主要债权银行 | 三菱日联金融集团<br>东方汇理银行<br>Emirates NBD PJSC 银行<br>汇丰银行<br>ING<br>劳埃德银行集团<br>Mashreqbank PSC 银行<br>三井住友银行<br>高盛<br>AI Khaliji 商业银行 | 巴克莱资本<br>Riyad 银行<br>迪拜 Islamic 银行<br>阿联酋联合国民银行<br>中国工商银行<br>渣打银行<br>兆丰国际商业银行<br>华商银行<br>高雄银行 | 迪拜 Islamic 银行<br>花旗银行<br>渣打银行<br>汇丰银行 |
| 银行数量 | 11 家 | 24 家 | 4 家 |
| 债务总计 | 每年总额均为 55 亿美元 | 18.5 亿美元 | 3.5 亿美元 |

（二）债务重组

迪拜世界是迪拜各类重大项目的主导者，负责在全球进行投资，其各类资产分布于全球多个城市，涉及领域包括港口运营管理、地产项目开发、酒店旅游、私募股权投资以及零售等行业。迪拜世界在迪拜经济的快速增长中发挥了重大作用。迪拜世界下设迪拜环球港务集团、干船坞世界和迪拜海运城、自由经济区世界、房产开发公司迪拜棕榈岛集团、国际房地产规划设计公司、无限地产公司等企业。迪拜世界的债务总量普遍估计为 590 亿美元，约占迪拜总债务的 74%。

迪拜世界宣布 260 亿美元债务将会被重组。迪拜世界债务重组涉及迪拜世界控股集团、棕榈岛集团、无限地产三家企业。在迪拜世界宣布重组后，巴克莱银行确认了三家待重组企业认证的 162 亿美元的债务。其中，棕榈岛集团（包括境内的当期债务）85 亿美元，迪拜世界控股集团 55 亿美元，无限地产公司 12 亿美元。其余 10 亿美元的债务信息没有披露，很有可能是迪拜世界或无限集团的私人双边贷款。迪拜环球港务集团、杰贝阿里自由区、伊斯提斯马世界和无限世界不在重组范围之内。

迪拜世界的债务的特点是，即将到期的债务都是短期的。2010－2012年，将有500亿美元的债务到期，其中，2010年有120亿～130亿美元的债务到期，而仅2011年一年就有250亿美元债务到期。迪拜需用极高的成本为这些债务进行再融资，且存在大量的无法回收的债务资产及坏账。根据穆迪公司估计，其坏账总额高达250亿美元。

总体上看，债务重组在股票市场上得到了积极回应，大型银行纷纷表示支持。2010年5月，由七家共持有迪拜世界60%债权的银行达成初步协议，9月10日，99%的债权人达成了最终协议，仅有一家美国基金公司继续反对这项承诺重组高达249亿美元债务的协议，其中包含了100亿美元阿联酋政府的债务。棕榈树集团将会分别对105亿美元的银行贷款和应付款项进行谈判，并将其从集团中分离出来，单独作为重组计划的一部分。迪拜控股公司也在磋商债务重组，它的非金融分支机构于2010年10月再一次请求延期偿还贷款。

## 三、应对危机的措施

### （一）迪拜世界的反应

作为债务人，迪拜世界不得不变卖一些资产，既是为了偿债，也是为了向广大投资者表示诚信。迪拜世界持有迪拜世界港口公司，其经营的港口和运输集团业务遍及全球（包括美国的几个重要港口），它们是迪拜世界的优质资产，既能为债权银行所接受，也是迪拜世界重组的砝码。迪拜世界也投资于美国拉斯维加斯的米高美集团，并持有美国纽约Barneys百货公司约10亿美元的股权，另外还持有渣打银行、德意志银行的股份，这些都可以变现还债，或抵押给债权银行。

### （二）阿联酋的反应

根据阿联酋宪法，七个酋长国在松散的联邦内拥有独立的司法权，掌控自己的自然资源和财政资源。联邦政府不一定能使用这些资源，也没有义务为任何一个酋长国承担债务。尽管如此，迪拜债务危机发生后，阿联酋中央银行还是通过阿布扎比的两家私人银行向迪拜世界提供了150亿美元的选择性担保。之后，第一大酋长国阿布扎比也向迪拜政府提供了100亿美元的金融援助，以帮助后者渡过难关。迪拜政府则承诺拨款41亿美元资金用于偿还伊斯兰债券，联邦政府和酋长国政府的举动初步稳定了局势，也使事态没有进一步恶化。

（三）国际社会的反应

美国、日本、俄罗斯和中国对迪拜债务危机反应较为平淡，国际金融组织也没有介入迪拜债务危机，迪拜政府也没有向国际金融组织和美国求援，这在一定意义上也说明联邦和酋长国政府尚有能力携手共渡难关。迪拜的债权人和债权人所在国家的反应与新闻媒体热衷于对迪拜事件的炒作不同，大多表现平静。可能迪拜危机并没有想象的那样严重，或者有关方面刻意保持平静，以免引发更大范围且不必要的恐慌。总之，经历了国际金融危机后的国际社会，已经有了一定的承受力，没有表现出过度的恐慌。

## 四、债务危机的启示

在现代经济运行中，债务融资是金融杠杆的重要方式。在有利市场条件下，较高的杠杆率将放大收益，而一旦条件逆转，高杠杆率也将成为锁喉的绳索。

迪拜选择高度倚重高端地产和金融等相关行业的发展战略，以实现经济快速发展。但是超速的发展蕴含超级风险，随着全球经济下行的局面持续，资金偏好的转移，迪拜的各类高端项目未能吸引足够的租客或者买家，其账面价值也因此不断缩水，这不仅造成了融资或再融资日益艰难，也导致“烂尾”项目大量出现、盈利模式搁浅，企业和政府最终难以为继。

近30年来，许多发展中国家都重复过“外资涌入、信贷扩张、资产价格上升、房地产泡沫积聚、经济短暂繁荣、外资撤出、信贷趋紧、资产价格下降、房地产萧条、经济衰退”的噩梦。在国际金融危机后，全球主要国家央行实施以零利率和大规模资产购买为特征的非常规货币政策，导致低利率和流动性泛滥，全球资金一度涌向发展中经济体。而随着美国退出非常规货币政策，美元指数走强，发展中国家货币面临贬值和资金外流，一旦发展中国家经济基础脆弱或者监管缺失，都极易诱发系统性金融风险。在这种情况下，严密监管国际资本流动，防范热钱兴风作浪都非常必要。表面上看，引起包括迪拜在内许多发展中国家金融债务危机的因素是房地产市场泡沫破裂，国际游资对于房地产市场的侵害，加之这些国家过于依赖房地产拉动经济增长，且房地产资金又全部来自外资贷款。而实质上是制度示范和短期资金炒作周期比较长的房地产业的恶果，这才是各发展中国家频发金融债务危机的本质共性所在。

## 第三节　全球石油价格暴跌与沙特阿拉伯经济转型

### 一、国际原油价格下跌对沙特阿拉伯经济的影响

石油是沙特阿拉伯经济的重要支柱，分别占该国出口、政府收入以及GDP约85%、80%和45%。由于石油是易受价格波动影响的有限资源，在带来丰厚利润的同时，石油依赖也成为沙特阿拉伯经济风险的主要来源。从20世纪70年代开始沙特阿拉伯一直致力于减少对石油的依赖，以实现经济多元化，但是收效甚微。

2014年中期以来，国际油价几乎腰斩，沙特阿拉伯经济受到极大冲击。尽管政府开支以及基建投资增加，沙特阿拉伯GDP增长率由2015年的4.1%下滑至2016年的1.2%；出口疲软导致经常项目出现大额逆差，2014年经常项目余额占GDP的9.8%，但是2015年和2016年转为逆差，占GDP的比重分别为8.3%和6.8%；财政收支恶化，2014年政府财政赤字占GDP的比例为2.3%，但是2015年和2016年财政赤字进一步加大，占GDP的比重分别为14.8%和12.2%。

为了应对严重的经济困难，摆脱石油依赖，沙特阿拉伯于2016年4月相继发布“愿景2030”（Vision 2030），开始推动经济社会的全面转型。

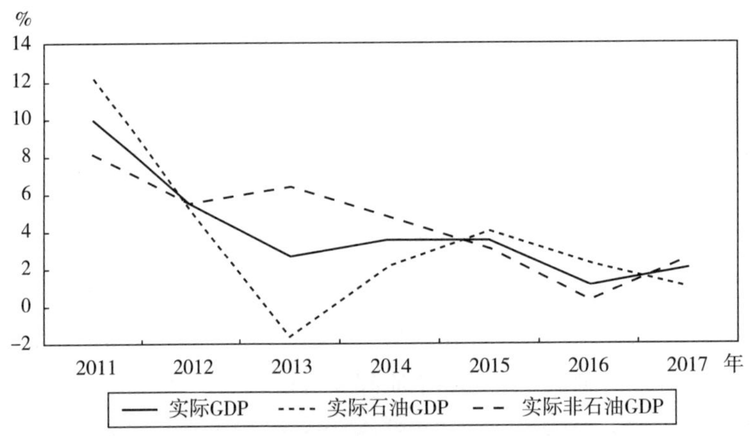


资料来源：国际货币基金组织，2017 年数据为预测值。

**图 5.1　沙特阿拉伯的实际经济增长率（2014 年以来）**

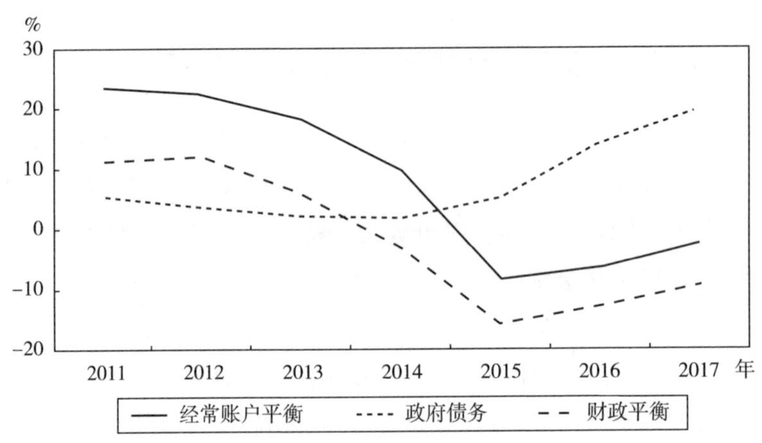


资料来源：国际货币基金组织，2017 年数据为预测值。

**图 5.2　沙特阿拉伯的内外部平衡（2014 年以来）**

## 二、沙特阿拉伯全面转型计划的主要内容

### （一）“愿景 2030”和“国家转型计划”内容概述

“愿景 2030”确立了沙特阿拉伯经济社会全面转型的蓝图，为沙特阿

拉伯确定了三大愿景目标：阿拉伯与伊斯兰世界的心脏、全球性投资强国、亚欧非枢纽。在经济领域，这份计划的目的是推进经济多元化，途径是改善商业环境、支持中小企业发展、加大国家投资、发展非石油产业和私营企业，特别是要发展采矿、制造、旅游休闲、金融投资等产业，最终实现沙特阿拉伯国王萨勒曼在电视讲话中宣称的目标："到 2030 年，我们将不再依赖石油。"

"国家转型计划"是"愿景 2030"的组成部分，该计划将"愿景 2030"中的各项目标细化成具体指标，分解到各政府部门，并逐一设定关键绩效指标（KPI）。沙特阿拉伯"国家转型计划"关于经济领域的关键指标见表 5.2。

**表 5.2　"国家转型计划"宣布的主要经济目标**

| | |
|---|---|
| 劳动力市场 | 失业率从 11.6% 降至 7%（2020 年为 9%）。 |
| | 妇女参与劳动的比率从 22% 提高到 30%（到 2020 年为 28%）。 |
| | 到 2020 年在非政府部门创造 45 万个就业机会。 |
| | 到 2020 年将公务员队伍减少 20%。 |
| 贸易 | 非石油部门出口份额从 16% 增加到 50%。 |
| 财政 | 非石油部门收入将从 2015 年的 1,630 亿卢比增加到 2030 年的 1 万亿卢比（2020 年达到 5,300 亿卢比）。 |
| | 减少工资和薪水在预算支出中的份额。 |
| | 实现预算平衡。 |
| 补贴改革 | 削减补贴；对以政府补贴为主要收入来源的中低收入家庭直接发放现金补贴。 |
| 私人和中小企业部门 | 经济中私营部门的份额从占 GDP 的 40% 增加到 65%；中小企业部门对经济的贡献将从占 GDP 的 20% 提高到 35%。 |
| 外商直接投资 | 将外国直接投资占 GDP 的比例从 3.8% 提高到 5.7%。 |
| 旅游 | 放宽旅游签证制度。 |
| | 计划建造世界上最大的伊斯兰博物馆。 |
| | 将来自国外的朝圣者每年从 600 万/年增加到 3,000 万/年（到 2020 年为 1,500 万/年）。 |
| 卫生保健 | 使私营部门在医疗保健方面发挥更大作用，将平均寿命从 74 岁提高到 80 岁。 |

续表

| | |
|---|---|
| 石油和天然气 | 将石油和天然气产出的本国份额从40%提高到75%。 |
| 住房 | 关注经济适用住房，将住房家庭所有权从47%提高到52%。 |
| 军事 | 建立军工控股公司，提高本国参与国防生产的比率。 |
| 教育 | 课程现代化；更加注重教师培训和绩效衡量。 |
| 生产率 | 将全球竞争力指数排名从目前的第25位提高到第10位。 |
| | 将全球物流绩效指数排名从目前的第49位提高到第25位。 |
| | 将全球政府效率指数排名从当前的第80位提高到第20位。 |
| 移民政策 | 五年内为外国工人提供类似绿卡的身份认证程序。 |
| | 取消在阿卜杜拉国王商业区工作的外籍人士的签证要求。 |
| 沙特阿美石油公司 | 最多公开发行0.5%的股权。沙特估计阿美公司的价值超过2万亿美元。 |
| 公共投资基金 | 到2030年，公共投资基金的资产规模将从目前的6,000亿瑞士法郎增加到7万亿瑞士法郎。 |

注：所有目标实现年限均为2030年，除非另有说明。

资料来源：沙特阿拉伯政府，“愿景2030”和“国家转型计划”。

国家转型计划包括五个阶段。第一阶段是确定实现“愿景2030”战略目标所面临的挑战。2016－2020年，通过将沙特阿拉伯现状和国际、地区标准进行比较，设定应对挑战的临时目标。第二阶段是制订部门层面的计划。第三阶段是实施国家转型计划各项目标，各政府部门将制订详细的实施计划，包括对战略目标的详细分解、实施时间表、制定具体步骤，并明确相关责任，以及确定各部门的联系和依赖程度，限定人力、法律和财务资源。第四阶段是评估各政府机构的表现并公布各政府机构取得的成果。第五阶段包括定期审计和持续跟踪后续工作情况，保证工作向实现转型计划既定目标发展。

（二）经济领域改革

一是推进私有化计划和公私合作。沙特阿拉伯政府的目标是在2016年向私人机构投资者出售两个机场，并在未来几年进行更广泛的资产出售和构建公私合作伙伴关系，包括出让部分沙特阿拉伯阿美石油公司的股份。

二是加强商业环境建设。沙特阿拉伯计划对外商全面开放零售和批发部门的投资，以及引入新公司法（涉及减少中小企业的行政负担、加强少数股东权力、改善公司治理等）。新破产法、加强合同执行力的相关改革举措也将陆续出台。

三是进一步发展国内资本市场。在股票市场方面，沙特阿拉伯将进一步开放市场，增加外国投资者的投资机会，并促进股票市场交易支付和结算方式的改革。在债券市场方面，沙特阿拉伯正在简化公司发债程序，并修订立法以允许外国投资者投资沙特阿拉伯国内上市债券。

（三）财政和结构性改革

沙特阿拉伯财政改革旨在加强总体财政框架，提高政府支出效率，到 2020 年实现预算平衡。

一是明确政府债务管理原则。根据沙特阿拉伯 2017 年预算，2017 - 2020 年，沙特阿拉伯债务管理原则是债务占 GDP 的比例不超过 30%，同时国家信用提升至 2A 级；根据国内和国际市场条件发行主权债券融资，特别是在国际市场以有吸引力的利率获得更多债券资金；发行主权苏库克债券，丰富债券品种，同时考虑以不同货币发行债券。

二是加强转移支付并削减补贴。政府将为低收入和中等收入家庭启动现金转移计划，2017 年该计划规模为 250 亿里亚尔，到 2020 年将达到 600 亿里亚尔；2017 年，工业、采矿业和能源行业将获得更多的政府资金支持；2017 年开始，政府将逐步削减对能源和用水补贴，估计到 2020 年，此项削减将为沙特阿拉伯政府节省 2,090 亿里亚尔支出；沙特阿拉伯政府有意实现国内零售油、气的价格与国际市场价格联动，并定期进行调整。

三是扩充税源以增加政府收入。沙特阿拉伯政府为增加财政收入，将进一步扩充税源。将逐年提高对外籍员工以及家属的征税；2017 年第二季度开始对特殊产品征收消费税，包括烟草、软饮料和功能饮料；2018 年起实施 5% 的增值税。

四是推进财政稳固。主要改革项目包括财政策略和预测，预算监督，增强财政透明度，提高财政支出效率，推动私有化措施，会计制度转向应计会计，支持优先发展项目。

五是推出结构性改革。政府宣布将投入 2,000 亿里亚尔成立专项基金，以刺激私营经济发展，该项措施将持续到2020年；计划逐步放松外国人注册公司以及购买土地的有关规则，提高外国工人的流动性，减少旅游业、娱乐业等行业的发展障碍；政府承诺不会对公民征收所得税；承诺在政策公告和行动之间留出宽限期；承诺不会延误向承包商的付款时间；承诺不会进行追溯决策。

## 三、沙特阿拉伯全面转型计划对金融体系的紧缩效应及应对措施

### （一）沙特阿拉伯全面转型计划在短期内产生紧缩效应

沙特阿拉伯全面转型计划从削减成本和合理化支出开始，具有较强的紧缩性，短期内对其金融体系产生了负面影响，如金融体系流动性趋紧、股票市场低迷等。

金融体系流动性趋紧。随着沙特阿拉伯政府从银行部门撤出存款并向当地金融机构发行里亚尔债券，金融体系流动性压力上升。据彭博社报道，2015年沙特阿拉伯本币债券销售额约为98亿里亚尔，2016年超过1,000亿里亚尔。受此影响，沙特阿拉伯3个月期银行同业拆借利率迅速上升，在2016年10月初达到2.385%，而2015年末为1.54%。

股票市场低迷。TASI指数从2014年9月的11,419点跌至2016年10月的5,416点，跌幅超过52%。虽然石油价格走势拖累了2014年第四季度和2015年全年沙特阿拉伯股市的整体表现，但却无法解释2016年以来沙特阿拉伯股市的继续低迷。特别是2016年2月以来，OPEC篮子指数上涨约56%，自1月跌至22.48美元的低谷后，涨幅超过115%。然而，TASI指数却从2016年年初以来蒸发了约15%。

### （二）政府应对措施

一是增加流动性供给。2016年9月，沙特阿拉伯货币局（SAMA）引入了新的90天回购，并将每周SAMA票据发行量由此前的90亿里亚尔缩减至30亿里亚尔；为满足国际证监会组织（IOSCO）对金融基准的原则要求，SAMA委托汤森路透协助其计算银行间拆借利率（SAIBOR），以更准确地反映融资环境；此外，2016年10月发行了国际债券，以及10月沙特

阿拉伯政府发布正式公告恢复向承包商的合同支付，都有助于阻止融资成本上升。SAIBOR 已经开始下降，而存款和广义货币供应量增长率都在 10 月转为正值。沙特阿拉伯基础货币增速经过 9 个月的放缓后，10 月出现了反弹。广义货币（$M_3$）年度首次正增长，同比增长率为 0.7%，而狭义货币（$M_2$）则同比增长了 2.7%，基础货币（$M_1$）同比增长了 0.4%。货币扩张表明流动性已进入实体经济。

二是发行主权国际债券替代国内债券。2016 年 10 月，沙特阿拉伯发行了 175 亿美元国际债券，外部融资有助于缓解国内流动性压力并节约外汇储备，为国内银行支持实体经济提供了更多空间。2015 年 10 月至 2016 年 10 月，沙特阿拉伯国内银行业持有的政府债券增加了 256 亿美元，占 2016 年沙特阿拉伯预算支出的 10.7%。受主权国际债券发行影响，2016 年 10 月和 11 月，沙特阿拉伯财政部未发行国内债券。2016 年 11 月下旬，沙特阿拉伯财政部下设的债务管理办公室表示将在 2017 年恢复国内债券发行。此外该办公室还表示正在努力发展债券市场（包括伊斯兰债券市场），增强二级债券市场上的流动性。

三是缓解外汇储备流失压力。沙特阿拉伯净外国资产，包括 SAMA 和商业银行持有的净外国资产，截至 2016 年 10 月当年下降了 970 亿美元，而 2015 年的净下降额为 98 亿美元。2016 年沙特阿拉伯净外国资产下降额中的 95% 来自于 SAMA。沙特阿拉伯通过发行更多的主权国际债券，以及建立公共投资基金（PIF）来缓解外汇储备下降的压力。从 SAMA 持有的外汇储备结构看，2016 年 10 月外国银行存款减少 133 亿美元，对外国证券投资同比增长了 25 亿美元，投资的净增加是一个积极的现象。此外，2016 年 11 月沙特阿拉伯政府从 SAMA 的政府账户中转移了 1,000 亿里亚尔到公共投资基金。这种转移意味着外汇储备规模不再是投资者判断沙特阿拉伯应对外部冲击能力的唯一基准，而应关注更广泛的国际投资头寸，包括其他独立的政府组织和基金的外国资产。

## 四、沙特阿拉伯全面转型计划的前景

沙特阿拉伯“愿景 2030”是一项宏伟的转型计划，它的实施不仅有助于沙特阿拉伯经济的可持续发展，也将给整个中东地区带来积极影响。

2016 年 4 月 28 日，沙特阿拉伯和约旦共同签署协议成立联合协调委员会，以监督刚刚成立的沙特阿拉伯公共投资基金在约旦的运营。沙特阿拉伯增加对外投资，尤其是对海湾地区国家的投资，这有利于增加其在海湾地区国家的政治影响力，加快海湾各国的经济一体化进程。

沙特阿拉伯如何进行这场重要的经济结构调整正在受到海合会国家其余五个成员以及其他国家的密切关注。如果沙特阿拉伯的经济转型取得成功，该地区内外面临类似挑战的国家也将会争相效仿。

# 第六章

# 海合会国家金融监管

## 第一节　海合会国家金融监管概况

由于海合会国家没有建成类似欧盟一样的货币体系，因此在金融监管上也没有形成统一的监管机制，目前仍以各国国内监管制度为准进行监管。

### 一、海合会国家金融监管机构设置

（一）沙特阿拉伯

沙特阿拉伯货币管理局负责监管商业银行、保险公司和交易商。资本市场管理局负责监管资本市场。虽然在实践中现行法律并未影响沙特阿拉伯货币管理局有效监管金融体系，但是金融部门评估规划建议修订《银行业管理法》，授予沙特阿拉伯货币管理局银行监管独立地位以符合国际标准。2012 年初，沙特阿拉伯货币管理局和资本市场管理局签署了一份谅解备忘录，以加强监管协调。

（二）巴林

根据巴林《中央银行法》，巴林中央银行是巴林金融体系的单一监管机构。巴林中央银行负责银行业准入和监管（包括传统银行和伊斯兰银行），保险业准入和监管（包括保险公司和保险经纪公司），持牌投资机构监管（包括投资公司、特许交易所、结算所及其成员公司，货币经纪公司和投资顾问），以及其他金融服务供应商监管（包括货币兑换、跨国银行代表处、财务公司以及辅助服务供应商）。巴林中央银行同时还负责巴林证券交易所和清算所的监管，交易所上市公司和交易金融工具的监管，以及巴林资本市场上的行为监管。

（三）科威特

在科威特现行法律框架下，审慎监管和银行业监管主要由科威特中央银行负责，新成立的资本市场管理局负责监管投资公司。因此，在科威特的投资公司受科威特中央银行和资本市场管理局双重监管。按照业务活动分离原则，贷款由科威特中央银行监管，其他投资银行业务由资本市场管理局监管，科威特中央银行与资本市场管理局定期举行会议，双方通过签订谅解备忘录进行监管协调。

（四）阿曼

阿曼中央银行是阿曼金融体系的单一监管机构。阿曼中央银行建有金融稳定部门，负责宏观审慎监管并发布金融稳定报告，致力于提供良好的货币环境以及维护金融稳定，促进金融服务部门发展，实现经济持续增长。资本市场管理局负责规范和监督资本市场。

（五）卡塔尔

卡塔尔中央银行拥有维护金融稳定的法律授权，负责制定卡塔尔所有金融服务和市场监管政策框架。卡塔尔金融市场管理局和卡塔尔金融中心监管局是另外两家监管机构，卡塔尔金融市场管理局负责监管包括卡塔尔交易所在内的金融市场，卡塔尔金融中心监管局按照卡塔尔金融中心法、金融服务管理条例和卡塔尔金融中心管理局条例，对卡塔尔金融中心内的授权企业实施监管。

（六）阿联酋

阿联酋的金融监管体系内有多个监管机构。阿联酋中央银行负责监管银行体系；阿联酋的三个证券交易所中，迪拜金融市场和阿布扎比证券交易所都由证券和商品管理局监管，而位于迪拜国际金融中心的迪拜纳斯达克股票市场由另一家独立监管机构——迪拜金融服务管理局监管；保险业由成立于2008年的保险业管理局监管。

## 二、海合会国家金融行业监管概况

（一）银行业监管

因为没有统一的监管体系，海合会国家在银行监管机制方面差异很大，如在存款准备金要求、开立外汇头寸、股息支付、外国人借款、单个银行的对外借款等方面的规章制度都不相同。但海合会国家在银行监管方面十分重视与国际先进监管标准接轨，部分国家在制定国内监管标准时，或是吸取了国际先进经验，或是引进了通用的国际监管标准作为本国监管准则，以确保本国金融监管能够保持先进水平并有效维护国内金融稳定运行。

在沙特阿拉伯，沙特阿拉伯货币局负责监管银行业。根据《银行控制法》授权，沙特阿拉伯货币局有权制定有关银行偿付能力、杠杆率风险暴露等方面的监管条例。沙特阿拉伯货币局分别于 1992 年、2008 年和 2013 年执行《巴塞尔协议Ⅰ》、《巴塞尔协议Ⅱ》和《巴塞尔协议Ⅲ》，并将资本充足率、流动性覆盖率、净稳定资金比率三大支柱引入国内监管体系之中，而沙特阿拉伯国内银行已经满足了《巴塞尔协议Ⅲ》关于资本、流动性和杠杆率的要求。半个多世纪以来，沙特阿拉伯中央银行通过采取审慎监管立场成功维护了沙特阿拉伯的金融稳定，至今没有发生银行倒闭事件。

巴林中央银行负责本国银行业监管。2015 年 1 月，巴林中央银行开始实施新的资本充足率规则，以符合《巴塞尔协议Ⅲ》和伊斯兰金融服务委员会关于传统银行和伊斯兰银行的监管标准。2015 年 3 月，巴林中央银行发布了关于《巴塞尔协议Ⅲ》杠杆率要求的咨询文件，并对收回的意见进行了反馈。2015 年 5 月，巴林中央银行又根据《巴塞尔协议Ⅲ》要求发布了信息公开披露要求，并在同年 6 月开始接收传统银行提交的财务报告。

（二）证券业监管

海合会国家的证券市场通常只允许本地经纪人进行交易，对外国投资人限制较严，一般不允许外国人直接拥有所有权，外国人只能通过与当地金融中介合作的方式进入市场。但是一些小的国家正在尝试放松市场准入限制，以便吸引更多资金投向本国。一直以来，外国投资人强烈要求海合会国家提升市场流动性级别，取消市场准入限制，提高透明度并解除对外国人取得所有权的限制。随着世界经济一体化的深入，以及日益强烈的开放呼声，海合会国家也加快了市场开放步伐。如沙特阿拉伯，经过近五年时间酝酿，终于在2015年6月向外国投资者开放了本国股票市场，但资本市场管理局对开放股市仍然制定了严格的规定，要求参与直接交易的外国机构投资至少拥有50亿美元管理资产，且必须具备5年以上的从业经验，同时单一合格境外投资者（QFII）持有某一证券的占比不能超过5%，合格境外投资者持仓总量在任意一只股票中的占比不能超过20%，且持仓比例不超过总市值的10%。在如此严格的限制下，能够进入该国市场的外国投资者并不多。

为促进本国证券市场发展，海合会国家也适时对证券规则进行修订。如2014年4月，阿联酋证券和商品管理局以理事会决议形式通过了伊斯兰债券规则。在新规则中，最低发债额由此前的5,000万迪拉姆降至1,000万迪拉姆（阿联酋货币），阿联酋证券和商品管理局审批发债申请时间缩短至5天，未在阿联酋各证券交易所挂牌的私营企业债券则无须SCA审批。传统债券和伊斯兰债券的发行方只需编写年度财务报告，无须按季度编写，发行方无须获得评级机构的信用评级，同时新规则允许上市债券在进行登记后进行场外交易。

因为尚未建成统一的证券市场，各国在加强地区证券监管合作方面也作出了诸多努力。如2010年10月在科威特举行的海合会国家证券监管领导人会议上，各国讨论了多个关于加强证券监管合作的提议。阿联酋提出应当重建金融管理体系，构建海合会国家一体化的证券市场，以及统一各国资本市场政策和监管措施。科威特证券交易所建议建立海合会国家证券市场监测中心，在确定监测中心运行机制方面应当考虑投资人利益。卡塔尔金融市场管理局提交了关于《加强海合会国家成员间证券监管者关系备忘录草案》，规定了合作的统一框架，提升共识标准，以及打破成员间证券投资的障碍等内容。

（三）保险业监管

海合会国家保险业增长速度很快，2006－2013年，保费总额从64亿美元增加至184亿美元，增长了近3倍。为了应对快速增长和日益繁荣的保险行业，海合会国家引进了一系列监管措施，如加强资本充足率、改善资产质量、充实准备金储备等。这些监管措施的采用提振了地区保险业的信心、提高了市场的稳定性和透明度。此外，大量的伊斯兰保险单行条例的实施也增加了投保人的安全感。

在海合会国家保险业快速增长的同时，相关问题也随之暴露，个别地区的保险市场价格竞争十分激烈，一些市场参与者不是依据风险定价而是根据竞争对手的价格定价，导致市场出现波动，阻碍了保险业的可持续增长。变动的价格、变样的产品质量和服务以及不当的赔偿处理方式，给市场意识、商业感知和消费者带来了很多负面影响。

为了拓展经营范围和增加保险覆盖的风险类型，同时解决保险市场上存在的突出问题，监管当局开始实施强化版的保险法规和准则，用来解决风险资本、最低资产负债管理标准、定价适当性、公司治理和透明度等问题。

历史上，海合会国家保险市场只有简单的资本数量要求，虽然数额较高但没有风险方面的要求，如阿联酋对保险公司的最低资本要求是 1 亿迪拉姆（阿联酋货币），再保险人为 2.5 亿迪拉姆。这种缺乏风险反映的资本监管要求，会因为保险公司承担风险的类型和水平、保险经营及投资风险等因素给市场造成波动。

海合会国家现在开始实施风险资本措施以确保资本要求与保险公司的运营风险保持密切相关。如卡塔尔金融中心监管局 2015 年 1 月开始实施的新规则规定，保险公司最低资本金要求和风险资本必须高于 1,000 万美元，这种额外的特殊要求既可以满足风险管理策略和政策，也可以满足风险自担和偿付能力评估要求；阿联酋保险管理局在 2013 年发布的《联合条例草案》规定，保险公司最低资本要求不少于偿付准备金的三分之一；在阿曼，公司需要遵守强制性的企业风险管理标准和准则。除此之外，一些国家对保险业务的经营类型进行了强制性规定，如阿联酋的综合性保险公司就被要求在 2015 年 8 月前将人寿和非人寿保险分离出去单独经营，阿曼资本市场管理局也强制要求传统保险和伊斯兰保险单独经营。

伊斯兰保险在海合会国家增长迅猛，监管机构已经开始计划制定伊斯兰保险条例对其进行监管。例如，根据巴林中央银行伊斯兰保险建议性监管框架规定，在投保人基金亏损时强行要求股东注入资本。阿曼资本市场管理局《伊斯兰保险法草案》规定，计划在阿曼经营保险业的实体需要在马斯喀特证券市场上市。

公司治理层面新的监管要求也日趋严格，如董事会层面要求设立投资委员会，公司内部设立审计部门、聘请拥有执业许可的精算师等。另外监管部门要求保险公司定期（通常为半年或一年）提供经营报告和早期预警报告，海合会国家保险市场透明度不高的薄弱环节将会得到改善。

在保护消费者权益方面，许多海合会国家监管当局已经开始考虑通过购买强制保险的方式加强消费者保护。如在整个海合会国家推行的汽车第三方责任强制险，沙特阿拉伯、卡塔尔、阿布扎比和迪拜的强制医疗保险等。

## 三、海合会国家的宏观审慎政策

### （一）宏观审慎政策的制度框架

在国际金融危机前，海合会国家实施了许多宏观审慎政策，然而这些举措通常因介入过晚而导致效果并不明显，除卡塔尔之外，海合会国家宏观审慎政策并未得到立法支持。卡塔尔中央银行在金融稳定方面拥有政策制定、金融服务监管的权力，同时卡塔尔通过金融稳定和风险控制委员会（FSC）为所有监管者提供正式的合作沟通框架。近期，其他海合会国家成员也开始为监管者提供一些非正式协调沟通机制，作为实现金融稳定目标的一部分，巴林、阿曼、科威特、卡塔尔和阿联酋的中央银行已经建立了一个独立的金融稳定办公室，同时发布金融稳定报告；部分海合会国家需要通过建立不同监管机构之间的合作和信息共享的正式框架来增强现行监管体系，以减少监管套利。

### （二）宏观审慎政策工具

1. 银行资本、拨备、流动性要求

大多数海合会国家设立了固定的拨备率，除沙特阿拉伯要求银行对于不良贷款采取100%的拨备外（在金融危机时期为200%），海合会国家其他成员没有实施动态或逆周期的准备金要求，科威特、阿曼、卡塔尔、阿联酋的拨备率在危机后都有调整。其他如存款准备金率、流动性等监管要求，在海合会国家成员均普遍使用。

2. 个人贷款最高限额

由于个人贷款在总贷款中的高占比以及债务援助计划引发的公民道德风险问题，个人贷款的宏观审慎监管意义重大。阿曼和科威特以外的海合会国家成员普遍使用收入偿债率，大多数国家对于借款人每月还款金额与工资比例有上限要求，从 33%（沙特阿拉伯）到 50%（巴林、卡塔尔、阿联酋）不等，卡塔尔对于本国居民及外国居民有着不同的个人贷款限额，贷款价值比（抵押或贷款总额/物价估值）使用并不广泛，仅卡塔尔、沙特阿拉伯有明确的规定。

3. 风险限制

银行信贷限制，如贷存比（巴林为 60%、卡塔尔为 90%）等指标使用广泛，阿联酋是唯一的特例，其仅规定贷款投向需稳定。除科威特和沙特阿拉伯以外的海合会国家都限制房地产风险敞口，外汇交易风险方面的限制较少，仅阿曼、卡塔尔对于外币贷款和外汇头寸有上限要求，科威特要求外币贷款只能发放给拥有外币现金流的借款人。

（三）宏观审慎工具运用中的问题

2008 年国际金融危机以前使用的宏观审慎工具已不足以控制信贷及资产价格增长，在多数情况下，政府当局特许事项过多，影响了监管政策的效力。

1. 未能有效限制个人贷款风险敞口

2000－2010 年，海合会国家个人贷款处于高增长态势，个人贷款与总贷款之比处于历史高位。为了缓解银行和个人高杠杆率风险，海合会国家成员在危机前就规范了个人贷款相关规定，并实行渐进收缩政策，使个人贷款在总贷款中的占比逐渐下降。尽管如此，2008 年在巴林、科威特和阿曼，个人贷款占总贷款比重仍然达到 30%。

2. 未能有效控制信贷增长

海合会国家成员比其他国家较早采用贷存比指标，该指标有助于控制流动性和过度依赖批发融资的风险。然而，固定存贷比（LTDs）指标在持续发酵的危机中不足以控制信贷增长，由于系统内流动性较高，存款基础一直在扩张，2003 年 8 月，海合会国家成员私人部门信贷年平均实际增长率介于 17%（阿曼）和 35%（卡塔尔）之间。

3. 未能限制房地产部门的风险敞口

海合会国家成员银行系统均采用了房地产风险控制措施，但是监管中对于房地产的定义并未完全覆盖与房地产相关的借贷和融资活动。因此，银行真正面临的房地产风险高于监管判断，2008 年国际金融危机前的长期贷存比通常并不是宏观审慎政策工具。虽然以现金为主的抵押贷款在居民房地产融资中的份额很低，对于房地产开发商来说，长期存贷比相对而言助长了房地产行业的“春天”。危机余波中，海合会国家成员均意识到长期存贷比在银行控制房地产风险方面的重要性。近期信贷和资产价格的上涨表明宏观审慎政策只是政策搭配中的一个因素，仅依靠宏观审慎政策很难化解累积的系统脆弱性，在存款基础显著扩大的情况下，顺周期的财政政策及流动性吸收不足引发了金融体系的高流动性。危机前，海合会国家成员在弱化顺周期的财政政策效应工作方面“力道不足”，中央银行所采用的流动性管理框架不足以消化来自石油的收入和资本流入，高流动性反而助长了信贷增幅、通货膨胀及资产价格上涨。

（四）促进海合会国家宏观审慎政策发展的措施

海合会国家应当通过增强宏观审慎政策框架和工具更好地管理金融周期，在繁荣时期建立适当的缓冲机制并限制过度的杠杆率和信贷膨胀，在强化宏观审慎分析方面，适时开展系统性评估和压力测试有助于尽早发现风险。

1. 建立宏观审慎政策的制度安排

建立海合会国家监管机构间的正式协调框架对于识别系统性风险，减少监管重叠和降低风险是十分必要的。为了使宏观审慎政策协调机制制度化，海合会国家应当建立一个包含所有成员的金融稳定委员会或理事会。

2. 强化宏观审慎分析

海合会国家应当定期开展系统性评估并发布金融稳定报告，这些报告有助于提高金融系统风险识别的透明度，另外，宏观压力测试也应该成为系统性监测不可或缺的一部分。宏观审慎框架应通过一个有效的预警系统

（EWS）来识别和监控系统性风险。在定量分析方面，预警系统应以当前的、分解的、高频的指标为基础，在定性分析方面，预警系统应评估信贷发放标准和金融系统互相关联产生的风险，预警系统应该接受定期审查，并不断从国内或国外的危机中吸取经验教训。

3. 选择适当的宏观审慎政策工具

在银行体系建立充足的资本缓冲，强化审慎监管，并转向基于风险的监管，引入可变的存贷比和贷款价值比降低信贷和资产市场的顺周期性，更多使用部门风险暴露限制工具，限制特定行业或特定类别借款人的过度风险累积。发展国内银行间货币和债券市场强化流动性管理，通过结构化改革提升宏观审慎政策的有效性，包括完善破产制度、强化危机管理和处置框架等。

# 第二节　海合会国家伊斯兰金融监管

## 一、伊斯兰金融监管模式

由于伊斯兰金融的特殊性，在其发展过程中形成了不同的监管模式，有些国家将伊斯兰金融纳入现行监管框架之中，有些国家则对伊斯兰金融实行专门或者单独监管。现行伊斯兰金融监管模式主要有马来西亚模式、巴林模式、迪拜模式和巴基斯坦模式。

### （一）马来西亚模式

马来西亚金融业实施分业监管，由马来西亚国家银行监管银行和保险业，证券委员会（SC）负责监管证券行业。马来西亚当局认为伊斯兰金融业务的特殊性使其面临着特殊的风险，因此在监管机构内部设立专门部门监管伊斯兰金融业。同时，马来西亚中央银行内部设立了一个国家沙里亚咨询委员会[1]，负责对伊斯兰金融业的沙里亚相适性[2]进行监管和争端裁决。

1　其设立目的主要在于对伊斯兰金融机构的伊斯兰教法事务提供建议，并且确保金融机构的运行符合伊斯兰教法的原则和要求。

2　即符合伊斯兰教法。

1983 年，马来西亚当局通过了《伊斯兰银行法案》，1984 年通过了《伊斯兰保险法案》，分别是世界上第一部伊斯兰银行和伊斯兰保险业立法。1989 年《银行和金融机构法案》与前两部法律一起，授权 MNB 承担对伊斯兰银行业和保险业的监管职责。1993 年，马来西亚通过了《证券委员会法案》（SCA）。2005 年，马来西亚通过了《存款保险公司法案》（MDICA），在法案授权下建立了马来西亚存款保险公司，对马来西亚所有的存款进行承保，伊斯兰存款也在承保范围内。

（二）巴林模式

巴林对金融业实施混业监管，巴林中央银行作为巴林金融市场上唯一的监管者，监管范围涵盖了银行、证券和保险业务，也承担了监管伊斯兰金融的职责。巴林当局意识到伊斯兰金融与传统金融有所不同，但仍然倾向于将伊斯兰金融业置于传统监管体系之中，仅对现有规定中与伊斯兰金融业不相适应之处进行了修订。虽然资本充足率的监管实质上与巴塞尔银行监管委员会和伊斯兰金融服务委员会一致，但 CBB 认为，巴塞尔委员会的指导方针并没有强调伊斯兰金融产品和服务的特殊性，因此，CBB 调整了监管方法，以强调伊斯兰银行所面临的特定风险。

（三）迪拜模式

迪拜国际金融中心（DIFC）是迪拜的一个在岸自由金融区和独立司法区，拥有独立的民商法，同时还拥有自己的法庭，法官来自于普通法国家或地区。迪拜金融服务局（DFSA）是迪拜国际金融中心内独立的金融服务监管机构，承担管理国际金融中心内金融监管职责，迪拜当局对伊斯兰金融机构的沙里亚相适性进行监管，包括任职审批等。DIFC 未单独制定伊斯兰金融法律，只是在其现行法律的基础上加入了相关条款，如在 2004 年出台的《监管法》和 2012 年的《市场法》中增加了附加条款，作为监管伊斯兰金融业的法律依据。

（四）巴基斯坦模式

巴基斯坦对金融业实施分业监管，由巴基斯坦国家银行，即巴基斯坦中央银行监管银行类金融机构，非银行金融机构则由巴基斯坦证券交易委员会负责监管。巴基斯坦相关监管机构内部设立了单独的机构负责伊斯兰金融业的监管，巴基斯坦国家银行内部则设立了沙里亚委员会，委员会具有伊斯兰金融业务涉及教法时在境内的唯一权威性，同时还负责监管伊斯兰金融机构的沙里亚相适性。巴基斯坦虽然将伊斯兰金融业单独监管，却并未制定单独法律，金融机构之间适用相同的法律，不同之处是以中央银行伊斯兰银行部的名义出台了伊斯兰银行所需要遵守的各项规定，包括市场准入、沙里亚相适性和风险管理等。

（五）伊斯兰金融监管模式的比较

从伊斯兰金融监管体制来看，伊斯兰金融监管体制可以分为两类：一类是对伊斯兰金融业实施分业监管，如马来西亚和巴基斯坦；另一类是对伊斯兰金融业实施混业监管，如巴林和迪拜国际金融中心。从监管方式来看，迪拜国际金融中心和巴林虽然认为伊斯兰金融业由于其特殊性带来了特殊风险，但仍然倾向于将伊斯兰金融业纳入传统体系监管，只对现有法律法规的相关条款进行调整，以适应伊斯兰金融业务。马来西亚和巴基斯坦则对伊斯兰金融业区别对待，以维护金融体系稳定，促进伊斯兰金融业发展。从法律角度来看，只有马来西亚针对伊斯兰金融业进行了单独立法，其他国家都是以监管部门规定的形式管理伊斯兰金融业。总的来看，迪拜国际金融中心、巴林对伊斯兰金融业采取的监管方式基本相似，而巴基斯坦和马来西亚的伊斯兰金融监管模式大致相似，不过巴基斯坦并未单独针对伊斯兰金融业进行立法。

从争端解决机制来看，由于不同伊斯兰教派对于教义有不同的理解，不同伊斯兰金融机构的沙里亚委员会作出的决策可能会产生冲突，因此需要建立相应的争端解决机制进行裁决。马来西亚和巴基斯坦在其中央银行下设了沙里亚委员会，负责对各自国家范围内的沙里亚相关问题作出最终裁决，并且对沙里亚相关问题提供指导和咨询。其中，马来西亚实施普通法系，法院根据判例对争端进行判决，因而伊斯兰金融业争议的解决结果具有确定性和可预测性。为了进一步增强解决争端的能力，吉隆坡地方裁决中心颁布了一项管理伊斯兰金融事务的特殊规定，为解决伊斯兰金融交易中出现的争议提供了专门的争端解决机制。而巴林和迪拜国际金融中心则没有争端解决机制。

从存款保险制度来看，由于存款保险制度与伊斯兰教派共担风险、共享收益的经济思想相违背，因而各国存款保险体系中一般不包括伊斯兰金融机构的存款，只有个别国家，如马来西亚，建立了包括伊斯兰账户在内的覆盖所有存款账户的存款保险体系。

## 二、伊斯兰金融监管的发展

### （一）国际伊斯兰金融组织

在伊斯兰金融业数十年的发展历程中，针对以银行业为主体的伊斯兰金融监管，经历了从无到有、逐步完善、迈向国际化的发展趋势。其间，一些国际性的金融组织相继成立，为统一伊斯兰金融监管标准、推动其与国际标准接轨发挥了重要作用。

1. 伊斯兰金融服务委员会

伊斯兰金融服务委员会建立于2002年，2003年正式运行，总部设在马来西亚。目前有国际证监会组织、国际保险监督官协会（IAIS）、国际货币基金组织、世界银行、国际清算银行、伊斯兰发展银行、亚洲发展银行等189家会员，包括65家监管机构，8个国际政府间组织，以及116个市场主体（金融机构、专业公司和行业协会）。

伊斯兰金融服务委员会被称为伊斯兰金融的“巴塞尔银行监管委员会”，负责制定伊斯兰金融体系统一标准、程序及监管准则。伊斯兰金融服务委员会通过对现有国际统一标准、监管准则进行修订并引进新的理念，使之符合伊斯兰教法。在该委员会的努力下，以伊斯兰银行风险管理指引、资本充足率标准、公司治理指引、信息披露原则、监管检查指引、资本充足率指引说明等监管标准和原则为主要内容的伊斯兰金融监管框架已经基本形成。

2. 伊斯兰金融机构会计与审计组织

伊斯兰金融机构会计与审计组织于1990年在阿尔及利亚建立，是一个为伊斯兰金融机构和伊斯兰金融业提供会计、审计、治理、行为准则和沙里亚标准的国际间独立的法人实体。作为一个独立的国际组织，伊斯兰金融机构会计与审计组织由其机构会员（到目前为止有45个国家、200个会员）提供支持，这些会员包括中央银行、伊斯兰金融机构以及来自全世界的国际伊斯兰金融业的参与者。

伊斯兰金融机构会计与审计组织的标准已经被一些国家和地区采纳，如巴林、迪拜、约旦、黎巴嫩、卡塔尔、苏丹和叙利亚。澳大利亚、印度尼西亚、马来西亚、巴基斯坦、沙特阿拉伯和南非当局也已经出台了基于伊斯兰金融机构会计与审计组织标准和声明的规定，因为伊斯兰金融机构会计与审计组织的标准与金融机构的经营密切相关，因此这些标准不仅对伊斯兰银行经营有所帮助，而且对传统银行发展伊斯兰金融也会起到一定的推动作用。

3. 国际证监会组织伊斯兰资本市场特别工作组

国际证监会组织伊斯兰资本市场特别工作组由5个地区的11个国际证监会成员构成，由马来西亚证券委员会负责协调，成员包括澳大利亚、英国、美国、约旦、南非等国的证券监管部门，持续增长的伊斯兰金融吸引了越来越多的投资者参与其中。为保障金融投资者的合法权益，国际证监会组织执行委员会发布了一份指引文件，通过收集伊斯兰金融产品及业务信息，来帮助投资者评估伊斯兰资本市场发展状况与潜在的金融监管问题，指引文件中明确了各项资本市场的评估指标，确保对伊斯兰金融实施公平、有效、透明的监管，以此保护金融投资者的合法权益，降低系统性风险。

4. 伊斯兰国际评级机构

伊斯兰国际评级机构是一家提供评级服务的独立机构，可以对全球伊斯兰金融机构和资本市场工具进行评估。伊斯兰国际评级机构的股东来自于11个国家，主要股东是伊斯兰发展私营经济公司和伊斯兰发展银行。在评级过程中，伊斯兰国际评级机构重点关注评估对象内部治理和教法执行情况，以此来评估伊斯兰金融业的独特风险，巴林中央银行和伊斯兰发展银行对IIRA的评级结果给予认可。

（二）伊斯兰金融服务委员会监管框架

伊斯兰金融服务委员会（IFSB）与巴塞尔银行监管委员会、国际清算银行及国际证监会组织等国际组织开展了密切合作，伊斯兰金融服务委员会将这些国际组织的规定、标准和准则充分融合，并结合伊斯兰金融特点进行了创新。2005 年以来，伊斯兰金融服务委员会以《巴塞尔协议Ⅱ》为基础，先后颁布了与《巴塞尔协议Ⅱ》三大支柱相对应的相关标准，形成了较为完善的伊斯兰金融监管框架。伊斯兰金融服务委员会的监管框架共包括五个部分：最低资本要求、监管机构对资本充足率的审查、市场约束（信息披露指引）、风险管理指引和公司治理指引，后两个部分为伊斯兰金融业特有的监管原则。

1. 最低资本要求

针对不同的伊斯兰金融业务，按照不同阶段风险的不同，所适用的风险资本计提和资本充足率标准，伊斯兰金融服务委员会发布的伊斯兰金融机构最低资本要求也有所不同。

成本加利润销售协议，分为可撤销的和不可撤销的协议。对于可撤销协议而言，在标的物销售阶段，应当计提的市场风险资本比例是 15%，向客户交货后，应当根据客户信用等级，计提信用风险金；销售阶段的不可撤销协议，依据待售标的物成本减去客户抵押物市值以确定信用风险计提比例。

长期制造合同，包括有追索权的长期制造合同和无追索权的长期制造合同。对于有追索权的长期制造合同，在标的物在建阶段，根据最终购买者（客户）的信用等级确定信用风险，合同约定生产商不可增加和调整标的物价格时，市场风险可不计提。无追索权的长期制造合同信用风险与有追索权的长期制造合同一致，但市场风险金以在建标的物的 1.6% 计提。

租赁合同，包括经营性租赁和融资租赁。就经营性租赁而言，购置租赁资产后，签订租赁合同前，对于不可撤销租赁承诺，信用风险以购置租赁资产支出减抵押物市值计提，而可撤销租赁承诺要计提 15% 的市场风险。租赁协议生效形成应收款项后，应当依据客户评级减租赁资产的残值计提信用风险，同时，按残值 100% 计提市场风险，融资租赁的资本种类及风险计提比例大致与经营租赁相当。

股份参与，对于参与的创投或风投业务活动，采用两种方法计提信用风险：简单加权平均法或者监管抽选标准。对于不动产及动产项目所有权的股本参与，信用风险按照承租方或客户的信用等级来确定，市场风险依据子合同项下的市场风险资本计提。

2. 监管审查

监管审查主要包括七项内容：（1）有效监管的必要前提。一是会计审计、支付系统等基础设施完备；二是建立市场准入、退出机制，法律体系健全，保证伊斯兰金融业各项交易符合教法。（2）监管资本要求。一是针对伊斯兰金融机构的信用风险、市场风险、业务风险确定最低资本充足率标准，力求风险程度与机构资本要求相匹配；二是伊斯兰金融机构采用的风险规避金融工具应当获得沙里亚委员会和监管当局核准；三是对投资账户存款人（IAH）的风险评价要求。（3）风险管理和公司治理。一是风险管理的程序，以与普通金融程序相同为原则，以符合伊斯兰教法为例外；二是公司治理，监管当局按照业务属性和规模制定监督规则，确认伊斯兰金融机构有足够的公司治理能力。（4）关联人交易。关联人包括伊斯兰金融机构董事、高管、沙里亚委员会成员、主要股东及其亲属。通过现场检查等措施，确保关联交易不得侵害其他股东及投资账户等客户利益，并要求银行对相关交易予以充分披露。（5）透明度与市场约束。一是强化金融机构对股东利益的维护，尤其是对投资账户客户的信托责任；二是充分利用市场规则，加强银行业协会等组织的业务合作，提高金融机构公开披露的透明度，特别是财务报表的披露、利润分享账户的透明度。（6）合并报表及母国——东道国监管。对于控股集团型伊斯兰金融机构，应当对其活动全盘掌控，监管当局要对集团以合并报表方式进行最低资本监督，确保整个集团运营符合伊斯兰教法。（7）特别事项。主要是伊斯兰窗口服务和不动产投资，内容包括内控机制要求、资本充足考核、信息披露要求及流动性匮乏时应急资金的来源等。

3. 市场约束（信息披露指引）

伊斯兰金融服务委员会规定了银行应当披露的项目。这些项目包括以下四个部分。（1）财务及风险披露原则。包括一般披露原则、公司治理状况、资本结构以及资本充足情况。（2）对投资账户存款人的披露。包括投资账户、非受限型投资账户和受限型投资账户。（3）风险管理及风险披露。风险及其组合的一般披露（包括信用风险、流动性风险、市场风险、操作风险、回报率风险）、替代商业风险、特定合同风险等。（4）一般治理及沙里亚治理披露。

4. 风险管理指引

伊斯兰金融服务委员会发布的伊斯兰金融机构风险管理的指导原则包括七个方面。主要内容有：（1）一般要求。应当建立完整的风险防控机制，同时符合教法规定。（2）信用风险。应当制定符合教法的策略，应对交易各阶段的信用风险。（3）投资风险。按照不同投资者的风险偏好，制定适当的风险管理策略。（4）市场风险。应当建立全面的衡量所有资产市场风险的管控体系。（5）流动性风险。建立流动性管理系统，评测各类资产的流动性风险，建立流动性风险防范机制。（6）回报率风险。应当充分考量影响资产回报率的潜在市场因素，建立管理替代商业风险的恰当机制。（7）业务风险。监管当局应当确保金融机构制定合规的、沙里亚委员会发挥作用的内控机制，保障资金提供者的合法利益。

5. 公司治理指引

伊斯兰金融服务委员会的公司治理原则包括：一般治理方法、投资账户存款人（IAH）权益保障、遵循教法和投资账户财务报告的透明度。其目的是协助伊斯兰金融机构强化公司治理结构，为监管当局评估金融机构治理提供普遍性标准。

## 三、伊斯兰银行业监管要求

伊斯兰银行风险仍是典型的金融中介风险，因此与传统银行业一样需要加强监管。伊斯兰银行业通常由一国中央银行进行监管，个别国家由财政部或中央银行之外的独立部门行使对伊斯兰银行业的监管权。在伊斯兰银行业监管中，伊斯兰教义贯穿始终。

### （一）市场准入

不同法系国家对申请设立伊斯兰银行准入的要求也不相同。在拥有传统银行业和伊斯兰银行业的非伊斯兰法系地区，准入要求不会专门强调或明确伊斯兰教义相关问题，但是在审批过程中，伊斯兰教义仍会间接发挥作用。在伊斯兰法系国家，是否符合伊斯兰教义是申请开办伊斯兰银行能否获得许可的决定性条件，作为审核程序的一部分，监管当局要确保公司治理结构和运作流程符合伊斯兰教义。

不同国家对伊斯兰银行颁发的牌照是有区别的。一些国家仅允许独立的伊斯兰银行获得伊斯兰银行业牌照，在另一些国家中，无论是独立的伊斯兰银行或是从事伊斯兰银行业务的传统银行，都能获得伊斯兰银行业牌照。考虑到伊斯兰银行业务操作的特殊性，监管准则对伊斯兰银行管理层的任职也有一定要求，如要求管理层人员应接受过相关业务培训，有伊斯兰银行业务的操作经验。一些国家对教法委员会成员或与伊斯兰教法有关的银行职员提出了相关要求，如信仰虔诚、有声望或是伊斯兰学者，但并没有将其作为选任相关人员的必要条件。

### （二）公司治理和伊斯兰教义

#### 1. 教法委员会与董事会

尽管一系列监管框架都支持设立教法委员会，但是伊斯兰银行监管框架通常不会对公司治理结构单独制定明确规定。教法委员会通常对与教义有关的事务具有最终责任和权利，一些监管框架规定监管当局董事会也承担与伊斯兰教义有关的附加责任和权利。

#### 2. 教法委员会与中央银行

一些国家的中央银行设立了教法委员会，如阿富汗、马来西亚、巴基斯坦、巴勒斯坦、苏丹和叙利亚，但这些国家中央银行教法委员会的角色不同，如马来西亚和苏丹，其中央银行教法委员会对银行业乃至金融业的教义事务负有总的管理职权，且具有最后裁量权，也就是说，这些中央银行教法委员会具有立法权和判决权；而另一些国家如阿富汗、巴基斯坦和叙利亚，尽管在涉及伊斯兰教法的法律法规框架方面会征求中央银行教法委员会的意见，但它没有立法权和判决权。

#### 3. 教法委员会与伊斯兰银行

大多数国家要求伊斯兰银行建立具有法律地位的教法委员会，并督促董事会及对董事会负责的各部门遵从伊斯兰教法，在一些地区，不符合特定伊斯兰法律的行为可能会构成犯罪。绝大多数情况下，伊斯兰银行有关教法事务的最终责任取决于董事会，董事会承担监督高管层平时执行教法的责任，高管层也需要确保其教法与教法委员会的指导相一致。在没有教法委员会要求的国家，如肯尼亚、突尼斯和土耳其，如果一家伊斯兰银行没有正确行使内部控制职责以确保符合伊斯兰教义，监管当局会考虑其可能存在伊斯兰金融产品不当销售情况。

4. 遵守伊斯兰教法的职责

监督伊斯兰银行遵守伊斯兰教法的职责通常由内部审计人员或伊斯兰教法审计人员来承担。在一些国家如伊朗、巴基斯坦、沙特阿拉伯和苏丹，伊斯兰教法是所有立法的基础，包括银行业和金融业立法在内，伊斯兰银行内部审计人员具有确保其所在银行遵守伊斯兰教法的法定职责。而在另一些国家，伊斯兰银行必须有专职伊斯兰教法审计人员或是伊斯兰教法相关官员，这些人员的任职需要得到银行监管当局的批准。

5. 外部审计人员

外部审计人员与伊斯兰教法有关的职责和角色取决于法律体制。在以伊斯兰教法为根本法（包括金融业立法）的国家和地区，外部审计人员有权获取伊斯兰银行的相关资料并对其是否符合伊斯兰教法进行鉴定，在不以伊斯兰教法为根本法的国家，外部审计人员没有获取伊斯兰银行相关资料并对其是否遵守伊斯兰教法进行鉴定的直接责任。

（三）资本要求

目前，巴塞尔银行监管委员会要求设立伊斯兰银行的国家也要满足最低资本充足率的要求，因此，许多国家或地区也相应地要求所有银行（包括伊斯兰银行）采用巴塞尔银行监管委员会的资本框架，不同国家的伊斯兰银行适用的资本充足率为8%～12%。

各国采用不同的方式来满足资本要求。在一些国家或地区，如爱沙尼亚、哈萨克斯坦、土耳其、阿联酋和英国，《巴塞尔协议》的资本要求适用于包括伊斯兰银行在内的所有银行，所以对伊斯兰银行和传统银行的资本要求并无任何不同。在其他国家或地区，如巴林、约旦、马来西亚和苏丹，伊斯兰银行的监管框架采用伊斯兰金融服务委员会的审慎标准和指导原则，而这些审慎标准和指导原则在《巴塞尔协议》对资本的相关要求基础上进行了调整，以适应伊斯兰银行业务的特点，因此，伊斯兰银行与传统银行的资本要求会有所不同。

（四）杠杆

通常情况下对伊斯兰银行运用其负债买入基金或者投资基金的数量并无限制，但也有例外，如巴林规定了伊斯兰银行的最高杠杆率，要求伊斯兰银行买入基金或者无限制的投资基金不得超过其资本的20倍。同时，伊斯兰银行不得开展纯融资业务，因为纯融资并不涉及实物资产，这在一定程度上限制了伊斯兰银行的杠杆和收益。

## 四、伊斯兰金融监管面临的挑战

（一）缺乏统一的监管标准与制度

随着伊斯兰金融业务在全球范围内的持续增长，各国监管当局根据国情，不断改进和强化对本国伊斯兰金融机构的监管。目前，各国对伊斯兰银行监管的主要分歧是所在国之间缺乏统一的监管标准和制度，而问题主要集中在伊斯兰银行等金融机构的法律地位，流动性获得机制以及自有资本的核算方法等方面。关于伊斯兰金融机构在传统金融体系中的法律地位，以及建立发展伊斯兰银行治理和监管机制这一问题上，不同国家的监管当局对此有不同的看法。有两种具有代表性的观点，一些国家的监管当局认为，由于流动性、风险管理等迥异于普通金融机构，监管伊斯兰银行的制度应当完全区别于传统银行；另一部分国家的监管当局认为，只需对普通银行已经颁布的法规、指导原则略作修改，就可以满足伊斯兰银行的监管要求，倾向于在传统银行监管框架下对伊斯兰银行进行规制。

（二）多重身份引发监管冲突

从伊斯兰银行提供的金融服务和产品特征来看，伊斯兰银行充当投资银行，传统商业银行债券发行人等多重角色。多重金融服务角色的混同，引发了监管争议和冲突。传统意义上，基金管理主要与资本市场监管有关，而在实践中，伊斯兰金融监管当局主要关注对投资账户所产生经营风险的评估。在损益共享原理下，将伊斯兰银行作为类似共同基金的管理者进行监管，要比将其作为商业银行进行监管更为适宜，这也是很多国家监管当局认为至少对伊斯兰银行的该类业务应按照传统基金管理人的监管方式展开的原因之一。除了主张对伊斯兰银行不同业务采用不同监管方式外，主张对不同伊斯兰银行产品和提供该产品的伊斯兰银行进行独立监管的监管者也不在少数，他们认为采取这种监管方式，仔细检视不同产品的交易特征和风险是监管当局的必要措施。而基于不同合同设计的伊斯兰银行产品，涉及的主体至少包括银行、储户和接受投资的企业或个人，特别是在损益共享模式下，资金使用方对该类合同项下的风险暴露有着至关重要的作用，监管当局除对银行例行监管之外，是否要将监管范围延伸至银行业务部门之外成为各方争议和冲突的焦点。就实践情况来看，成本加利润销售、利润分享和股本参与等投资活动与基金管理在伊斯兰银行业务中并没有分离，混业经营的特征、多重角色的混同，导致了监管的冲突与矛盾。

（三）信息披露和风险管理的高要求

伊斯兰银行和普通银行的不同之处不仅仅在于产品、手段和技术，更表现在重大的结构差别上，从这一点来看，其并不具备传统金融中介的典型特征，而更加类似于金融业发达的美国投资银行，只是由于遵循教法的缘故，禁止参与高风险、投机性的金融衍生品业务。部分监管当局认为，相较普通银行，伊斯兰银行监管架构应当突出信息披露和业务风险管理，伊斯兰银行资产的特性决定了权益投资风险是金融业务中最主要的操作风险。这种操作模式一方面将风险直接转移给资金提供方，另一方面也使伊斯兰金融机构承担类似股权投资人而非债权人的风险，这就意味着，投资方案出现亏损，银行应当承担相应损失，而不能要求资金使用方全额还款。因此，在整个投资活动中，及时全面的信息披露至关重要，特别是披露的不仅仅是银行自身的相关信息，还有被投资企业的经营、财务信息，这必然导致信息披露成本的高昂。披露信息的时效性、真实性和有效性，是伊斯兰金融业务实际操作中难以逾越的障碍。随着伊斯兰金融的迅猛扩张，各国现有的监管规则和经验难以满足保护金融消费者和投资者权益这一信息披露根本目的的需求。

（四）产业发展与有效监管的平衡

在伊斯兰教有着重要影响力的国家里，迎合宗教信仰需求的伊斯兰金融增长速度远远超过传统银行业务。但是，就国际金融市场来看，伊斯兰金融仍处于初级发展阶段，伊斯兰金融工具和以政府提供政策保护为主的金融市场，依然属于发展滞后的产业形态。发展新的投融资技术和创新金融工具，能够分散伊斯兰银行面临的风险，在符合教法精神的前提下，提高经营绩效，使伊斯兰银行在与常规金融机构的市场竞争中处于不败之地。各国监管当局对伊斯兰金融产品和服务采取共同的立场有助于伊斯兰金融的发展及改善其全球竞争力。例如，关于金融衍生工具及对投机的理解，各国应当达成共识，促进伊斯兰资本市场健康发展。除了伊斯兰教法明确禁止的纯粹投机交易外，大量金融行为在不同的国家里存在不同的解释和合规争议，在可预见的未来，监管当局将持续面临在协助产业发展与了解产业及如何有效监管间寻求均衡的双重挑战。

## 第三节　海合会国家金融中心监管

为吸引外资，海合会国家充分利用其有利的地缘优势，纷纷建立金融中心。海合会国家六个成员中，巴林、阿联酋、卡塔尔和沙特阿拉伯都先后建立了本国金融中心，其中阿联酋迪拜国际金融中心和卡塔尔多哈金融中心，凭借包容开放的运营理念、丰厚的优惠条件和便利的基础设施等特点吸引了大批金融机构入驻，并逐渐发展成为中东北非地区最具有影响力的金融中心。不仅如此，迪拜金融中心和多哈金融中心在金融监管方面也形成了独具特色的监管模式和体系，成为其他国家建设金融中心学习的典范。

### 一、迪拜国际金融中心监管

#### （一）迪拜国际金融中心监管法律体系

建设国际金融中心，除了要有优惠的税收和便利的基础设施之外，独立、透明、可信的法律环境也是吸引金融企业入驻的重要因素。阿联酋在谋划建设迪拜国际金融中心之初就十分重视迪拜金融中心的法律建设，从宪法、联邦法律、地方法律等不同层面给予立法支持，时至今日，迪拜国际金融中心已形成了独立的法律体系，为其履行金融监管职责提供了有力保障。

1. 阿联酋《宪法》

阿联酋《宪法》第121条原本强调了阿联酋对其领土内发生的法律事件拥有排他性的司法管辖权，为建设迪拜国际金融中心，阿联酋对《宪法》第121条进行了修改。修改后，《宪法》允许在国际金融中心成立法律特区，并允许该法律特区拥有独立的立法权与司法权，《宪法》成为迪拜金融中心创建独特法律体系的根基，为扫除其他法律障碍提供了根本依据。

2. 联邦法律

阿联酋2004年发布第8号联邦法律（即《金融特区法》）规定，可以通过联邦法令形式在阿联酋创建金融法律特区。金融特区内的金融活动享有民事和商事法律豁免权，但必须遵守联邦刑事法律，包括联邦反洗钱法。独立的民事、商事司法权对迪拜国际金融中心的发展甚为关键，有助于迪拜通过迅速的立法来应对国际市场变化。

3. 联邦法令

联邦2004年第35号法令是建设迪拜金融中心的直接法律依据，联邦内阁作出的决议明确了迪拜国际金融中心的地理界限，并允许迪拜金融中心内的实体和授权公司在中心建设前4年可以在金融中心之外开展业务。2007年内阁第28号决议再次重申了允许迪拜境内的金融机构适用《金融特区法》的规定。

4. 迪拜地方法律

2004年颁布实施的《迪拜地方法》（*Dubai Law*）是迪拜国际金融中心法律建设的基本框架法，从微观层面为迪拜金融特区的发展规划了所必需的机构组织和运行框架，是对联邦《金融特区法》进行细化的一部地方性立法。该法承认了迪拜国际金融中心金融和行政管理的独立性，并明确了创建迪拜金融中心管理局（DIFC Authority）、迪拜金融服务管理局和争端解决管理局，以及在特定情况下金融中心对迪拜法律法规的豁免权。2004年迪拜制定的《2004年监管法》（《迪拜国际金融中心法》）规定了国际金融中心监管部门——金融服务管理局的权力、职能和目标。

5. 部门行政规章

按照法律规定，迪拜行政部门有权制定部门行政规章并提交迪拜酋长和金融中心主席予以颁布，这对于迪拜建设国际金融中心起到举足轻重的作用，如迪拜金融服务管理局制定的《伊斯兰商业行为监管法》《信托法》等。实践中部门在立法时受到两方面限制，一是在范围上限于民用和商业领域，二是在立法时必须参照金融中心的建设目标（《迪拜地方法令》第4条）来进行。

（二）迪拜金融服务管理局

迪拜金融服务管理局是根据修订后的2004年第9号《迪拜地方法》建立的独立监管机构，主要负责颁发经营许可证并监管迪拜国际金融中心内部或来自该中心的各类金融服务公司的活动。《2004年监管法》赋予了金融服务管理局监管职能。因此，该局有权制定规章制度以便灵活应对金融市场的发展和商业活动的需求。

1. 监管目标和原则

金融服务管理局通过持续引进与国际金融中心相关的先进监管框架，力图为迪拜金融中心管理局创建更加完整、透明和有效的监管体系，以营造良好的金融环境。为实现这一职责，金融服务管理局有义务实现以下目标：培养和维持迪拜金融中心管理局金融服务业的公平、透明和高效，维持其信心，并保持其稳定运行，降低系统性风险；预防、探测和制止引发或可能引发破坏迪拜金融中心管理局或其内金融业声誉的行为；直接或间接保护迪拜金融中心管理局客户；促进公众了解迪拜金融中心管理局金融业的监管规则等。为履行法定职责，金融服务管理局遵守的指导原则主要有：符合《迪拜地方法》规定的目标；促进迪拜金融中心管理局发展并得到国际金融中心的尊重；与阿联酋和其他地区监管机构合作或提供帮助；最小化金融服务管理局与其他金融业务开展竞争带来的负面影响；高效使用资源；监管成本与收益相匹配；依法合规透明履职。

2. 监管理念

金融服务管理局对其监管方法表述为：“做一个风险导向监管者并避

免不必要的监管负担。”该局认为，监管应该有效减少风险，否则就没必要监管，在一个让被监管者有效履行合规义务的监管框架内，履行合规义务应当与减轻风险作用相适应。在这种模式下，金融服务管理局采用持续性的风险管理周期来识别、评估、优先处置和减轻对监管对象和特定金融行业造成不可接受的风险。金融服务管理局认识到风险可能来自于迪拜金融中心管理局内部也可能来自于外部，因此该局会定期对区域内和国际金融市场和趋势进行监测，这种系统性的评估方法使该局能够识别常见问题并采取必要的专门应对措施。该理念适用于金融服务管理局所有部门和监管对象，因为金融服务管理局认为关注结果比关注实现过程更能实现有效的风险导向监管。

3. 立法权限和程序

《2004 年监管法》赋予了金融服务管理局董事会关于履行职责相关的规章制定权，作为迪拜金融市场的直接监管者，迪拜金融服务管理局有权制定部门规章，这是现代金融监管体制的一个重要特征，它增强了监管部门通过立法应对金融市场变化的能力。

金融服务管理局的规章制定权主要规定在《2004 年监管法》第二部分“金融服务管理局”第三章之中。该法第 23 条规定，金融服务管理局的规章制定权由董事会行使，董事会可以制定与实现金融服务管理局目标、权力、功能，或促进该局履行行政管理职能相关的任何规章。该条第二项列举了董事会有权制定规章的具体事项，包括确定许可、授权和注册程序和要求；迪拜金融中心管理局特定被监管主体维持金融资源的层级和类型，被监管主体处理消费者和客户及潜在消费者和客户之间关系的行为标准，争端解决机制，特定被监管主体的行为，被授权市场的运行规则；金融服务管理局自身履职行为，包括履行自由裁量权、调查和听证权等行为。

第 24 条规定了规章草案发布程序。根据规定，金融服务管理局必须以公告形式公布规章草案，公告内容包括草案文本，有关草案重要规定立法宗旨和目的的说明以及草案内容摘要。公告发布后，金融服务管理局应当邀请利益相关者在 30 日内，或者在董事会规定的其他时限内就草案内容发表意见。但有两种例外情形：一是董事会判定第 24 条规定事项的推迟会对金融服务管理局造成损害时不适用上述规定；二是如果草案只是修订法律中的明显错误或印刷错误，或在任何情况下都不会对相关法律造成实质性改变，这种情况下也不需要执行上述规定。

## 二、卡塔尔金融中心监管

### （一）卡塔尔金融中心监管局

卡塔尔金融中心监管局是卡塔尔金融中心独立的监管者，主要是对卡塔尔金融中心内部或者向外提供金融服务的公司和个体给予授权或者实施监管。卡塔尔金融中心监管局下设四个部门负责具体事务，分别为金融发展和政策部、授权和管理服务部、金融机构监管部以及法律和合规部。四个部门的主要职责分别如下。

金融发展和政策部主要负责建设卡塔尔金融中心的立法和监管机制，以满足监管目标，并使监管局能够处理发展机遇、监管主动性、风险、市场以及监管发展等一般性问题。

授权和管理服务部主要负责评估和批准企业和个体在金融中心开展受管制活动的申请，以及代表卡塔尔金融中心监管局管理非管制活动的申请程序。

金融机构监管部主要负责收集被授权公司的信息并监测企业在授权和许可范围内开展经营活动，以及作为监管局和被授权公司之间的联系人。

法律和合规部主要负责监管局法律和规则的执行，以及监督监管局的国际关系发展，主要是发展和维系与世界上其他监管机构、部门和实体之间的正式及非正式关系，确保信息正常交换并与最先进的监管标准保持一致。

1. 监管方法

风险导向法（A Risk - based Approach）。自卡塔尔金融中心监管局设立之初，就建立起了一整套贴近国际主要金融中心实际的原则性监管模型，其中风险导向法是其运用的重要方法之一。风险导向法主要是对涉及金融信息监测以及定期的现场和非现场风险评估进行监管的方法，监管的主要依据则是巴塞尔银行监管委员会、国际保险监督官协会和国际证监会组织等制定的国际监管标准。风险导向法的措施主要有：与公司保持密切关系，包括对公司符合审慎和合规经营承担首要责任的董事和高级管理人员；与其他监管部门配合确保监管协调一致以及避免不必要的重复监管；关注巴塞尔银行监管委员会、国际保险监督官协会和国际证监会组织等制定的国际监管标准的改进情况；运用国际监管经验对公司定期开展风险评估。

宏观审慎监管（Macro - Prudential Supervision）。监管局实施宏观审慎监管作为日常监管的补充，宏观审慎监管包括一系列前瞻性的行动和用来识别、评估和监测金融体系的风险工具。前瞻性行动包括分析宏观经济和金融市场信息，以及这些信息数据之间的相互作用，宏观审慎结合微观审慎监管共同实施，在持续识别风险的基础上，可以帮助监管局预防和减轻关键风险带来的有害作用。宏观审慎监管的主要措施有：识别和评估相关金融部门如银行、保险和资产管理公司，以及影响市场的宏观经济要素之间的重要变化；对早期风险进行风险预警并迅速采取行动；为前瞻性监测提供有价值的信息；对可能影响金融中心内的银行、保险和资产管理公司的全球性、区域性和国内宏观金融问题进行识别。

监管依据。监管局作为独立的监管部门拥有一定的立法权限，可以通过立法形式对金融中心的金融机构进行监管。监管局的立法主要是制定条例，目前该局已经制定了10项条例，这些条例成为金融机构开展业务的主要准则。此外监管局还开发了一系列规则手册对金融机构实施监管，规则手册包括监管局制定的规则和发布的指导意见。

**表6.1　卡塔尔金融中心（QFC）监管局条例**

| 名称 | 主要内容 |
|---|---|
| 金融服务条例 | 规定了金融中心监管局对金融服务业的监管机制，受管制的金融活动以及对公司授权的程序等，还规定了监管局的调查、强制执行和处罚权。 |
| 公司条例 | 规定了有限责任公司和非金融中心公司分支机构的设立和运行等规则。 |
| 反洗钱条例 | 规定了金融中心被授权公司的反洗钱义务和预防洗钱的程序。 |
| 合同条例 | 规定了合同的性质和成立、合同的有效性，合同的履行、违约、救济、权利义务的转移等内容。金融中心的企业可以自由选择适用的法律，有约定的从其约定，没有约定的适用该条例。 |

续表

| 名称 | 主要内容 |
| --- | --- |
| 破产条例 | 适用于公司和有限责任合伙企业，不适用于普通合伙和个体企业。主要规定了清算和行政救助程序。 |
| 数据保护条例 | 目的是创制出与国际标准一致的个人信息保护机制，对金融中心的企业加工和传递信息作出了规定。 |
| 有限责任合伙企业条例 | 主要规定了有限责任合伙企业的设立、注册和登记、成员、名称、年报、会计和审计要求等内容。 |
| 仲裁争议解决条例 | 为解决民事和商事争端提供了框架性规定，通过中立审判使与金融中心有关的争端得到解决，裁决得到执行。 |
| 金融中心管理条例 | 提供了关于金融中心管理局权力和职责的细节以及该局履行职责的方式。 |
| 就业条例 | 规定了公司雇用员工的标准。 |

除了以上已经出台的条例外，卡塔尔金融中心监管局还计划制定《担保法条例》《裁决和争端解决条例》《信托条例》《法律适用和判决的认可和执行条例》。

（二）《卡塔尔金融监管战略规划 2013－2016》

1. 制定战略规划的背景

为使卡塔尔在 2030 年发展成为发达国家，并保持活力和繁荣，卡特尔制定了《卡塔尔国家愿景 2030》，《卡塔尔国家愿景 2030》主要依靠经济、社会、人口和环境发展四大支柱，金融业在实现《卡塔尔国家愿景 2030》中扮演着重要角色。基于此，卡塔尔开始实施五年发展目标，被称为卡塔尔国家发展战略（QNDS 2011－2016 年），是实现《卡塔尔国家愿景 2030》的一部分。卡塔尔中央银行与卡塔尔金融中心监管局和卡塔尔金融市场管理局紧密合作，制定了 2013－2016 年金融监管战略规划，以便金融监管符合 2011－2016 年国家发展战略和《卡塔尔国家愿景 2030》要求，同时与最近颁布的两部金融业监管法律精神保持一致。这两部法律分别是 2012 年第 13 号法律《卡塔尔中央银行和金融机构监管法》，2012 年第 8 号法律《卡塔尔金融市场管理局法》，制定这些法律的目标在于通过实施国际高水平的监督和管制，在卡塔尔国内建立起富有弹性的金融业。三家监管当局为制定金融业发展战略付出了艰辛努力，同时开展了大量的分析、咨询工作，并且以国际上最先进的金融监管实践为标杆起草制定。2008 年爆发的国际金融危机促使国际货币基金组织等国际组织反思自身的监管方法，卡塔尔在制定战略规划时也认识到了这一点，并开始积极参与到国际标准制定活动中。

2. 战略规划的主要内容

任务、愿景和目标。卡塔尔中央银行、卡塔尔金融市场管理局和卡塔尔金融中心监管局联合开发的监管规划是该国第一个国家金融业监管机构战略规划，它规定了监管的使命、愿景、价值观和目标。

任务——通过与国际最佳实践保持一致打造强劲而有效的金融监管框架，为经济繁荣和金融稳定提供支撑。

愿景——为完成战略规划制定的目标，监管当局特别强调要达成以下四个最基本的愿景：领导力——将卡塔尔定位为地区金融业监管领导者；可持续的经济发展——培育符合“愿景 2030”要求的可增长、高效率和发展稳定的金融业；消费者和投资者保护——为金融消费者和金融市场投资者提供有力保护；卓越的组织——保持监管机构自身专业、创新和知识的高标准。

目标——战略规划包含五个关键目标：通过开发持续性的与国际监管发展一致的风险导向微观审慎框架，以及改进信息披露实践来加强监管；通过建立与国际最佳实践一致的宏观审慎框架来扩大宏观审慎监督；通过增强支付和结算系统功能以及主动发展债券市场加强金融市场基础设施建设；通过开发标准和行为准则，保护信用信息、提高公众意识、加强消费者和投资者保护；通过在三个监管部门和金融业中广泛开展培训和职业发展规划建设人力资源。

加强监管的重点领域。金融危机之后，许多国家都加强了对本国金融机构和资本市场的监管，卡塔尔中央银行、金融市场管理局和金融中心监管局也计划进一步加强本国的金融监管。强化风险导向的监管方法对于维护稳定和降低风险非常重要，改进透明度和信息披露也受到广泛关注。此外，新的中央银行法赋予了卡塔尔中央银行监管保险业职责，中央银行必须以国际先进标准对其实施监管，同时加强伊斯兰金融监管框架，促进伊斯兰金融发展。

加强监管方面，战略规划重点关注以下几个方面。

一是加强银行风险导向监管。风险导向方法要求将银行的监督和其风险联系起来进行统筹监管，而风险评估需要以有效监管为基础并按照系统性方法开展。为强化银行监管，必须建立与巴塞尔核心原则和《巴塞尔协议 III》标准一致的银行监管框架，建立对国内系统重要性银行进行评估和监管的框架，同时要重视那些可能对金融体系造成风险的影子银行的监测和管理。最后，还应当设计一套危险评分标准对风险程度进行描述，并建立与评分相配套的监管行动以便减少风险。

二是开发保险监管框架。卡塔尔未来几年的保险业监管将受到两方面影响。一方面，中央银行负责监管保险业后需要建立新的监管框架，包括在中央银行内部设立部门对保险公司和保险服务提供者进行监管；另一方面，保险业的监管需要与最近新修订的国际保险监督官协会保险核心原则保持一致。新修订的原则更加强调内部管理、审慎标准和团队监管，但卡塔尔金融中心监管局仍然负责许可和监管金融中心保险公司的监管。

三是强化资本市场分析导向监管。近年来，卡塔尔开始重新关注资本市场的风险导向监管，卡塔尔金融市场管理局将采取措施强化对违约风险的识别，巩固处理威胁市场稳定和公平因素相关规则的建设，并采取整体处理法来对市场进行监管以支持股票、债券和相关金融基础设施的发展。

四是促进伊斯兰金融机构和市场发展。过去十年，伊斯兰金融发展很快，它的产品已经覆盖到传统金融机构和金融市场。在卡塔尔，伊斯兰银行的业务量和消费者数量都得到了快速扩张，并发展成为伊斯兰债券工具发行的领导者，为下一步发展伊斯兰债券和股票市场打下了基础。伊斯兰银行在卡塔尔中央银行和卡塔尔金融中心监管局的监管下运行，在卡塔尔交易所有业务的伊斯兰银行同时还受到金融市场管理局的监管。加强伊斯兰金融监管，一方面要强化伊斯兰金融机构许可标准使其与伊斯兰教法保持一致，另一方面要发挥沙里亚委员会作用，加强公司治理标准建设，确保商业行为满足伊斯兰金融机构运行要求，同时要提高审慎标准，及时报告资本充足率、偿付能力和流动性等指标，最后需要构建伊斯兰金融机构的清算框架。

五是统一公司治理标准。三家监管当局已经开始参照经济合作与发展组织（OECD）、国际清算银行（BIS）等国际组织标准来改进自身的治理框架，确保与国际最佳实践保持一致。这些措施包括更新中央银行、金融中心监管局和金融市场管理局的治理方针使其保持协调一致；将公司治理要求的覆盖面扩大至全部金融机构；以中央银行监管方法为基础建立更加详细的公司治理框架。

六是强化金融机构和发行者的信息披露。为减少信息不对称的发生，提高透明度和信息披露显得非常重要，相关措施包括强化关于产品和风险信息披露规则的执行，提高信息披露等管理标准，通过外部审计评估公司信息披露情况。

# 第七章

# 海合会国家金融中心发展

海合会国家在建立金融中心前，普遍面临债券和衍生市场缺乏、中小企业融资困难、跨国银行占据大部分金融市场、股权市场在部门和所有权方面集中等问题。随着海合会国家经济的飞速发展，其金融需求也日益旺盛和多样化，为与国际资本市场建立更加密切的联系，从而吸引国际资本、专业技术和商业机会，建立本国资本向外投资的新渠道，海合会六个成员都开始建立金融中心。海合会国家的金融中心在地理位置上具有天然优势，能够在时区上前后连接欧洲和亚洲，从而覆盖了全球的所有时区，形成了一个全天候连续不断进行交易的统一离岸金融市场。

本章主要介绍海合会国家的四个主要金融中心：巴林金融港、迪拜国际金融中心、卡塔尔金融中心和阿卜杜勒国王金融区，对比四个国际金融中心的发展情况、主要特点和竞争优势。

## 第一节　海合会国家金融中心发展状况

### 一、巴林金融港

巴林是中东地区历史最悠久的金融中心。20 世纪 70 年代起，巴林开始实行自由开放的经济政策，逐步减少对石油和天然气产业的过度依赖，重点发展金融、贸易、旅游等产业。1975 年，黎巴嫩内战爆发，金融业和商业受到重创。在黎巴嫩内战和飞速增长的石油收益作用下，中东的经济中心转移到海湾地区国家。此时，巴林承担起地区性金融中心的职责，成为中东银行业的新枢纽。巴林金融港（BFH）的建立旨在加强巴林作为中东地区金融枢纽的地位，借此吸引中东地区和海外的投资者。

（一）商业环境

1978 年以来，众多离岸银行在巴林设立，一批伊斯兰银行受当地优惠条件和机会的吸引，也纷纷向巴林聚集，这为巴林此后在伊斯兰银行业方面的核心优势奠定了基础。巴林整体税负水平较低，对一般企业和个人基本实施零税收政策，无所得税、增值税、消费税和中间环节的各种税收，商务成本低于迪拜、卡塔尔等周边市场[1]。与其他阿拉伯国家相比，巴林的法律环境最为宽松，经济政策稳健，透明度、对外开放和市场化程度较高。巴林基础设施相对完善，交通通信比较便利，通过跨海大桥与沙特阿拉伯等海湾国家相连接。巴林不限制资本、利润、产权收入和红利汇回母国，并与多个国家签署了《避免双重征税协定》，所有产业均不限制外国投资者介入，外国企业在巴林与当地企业享受同等待遇。巴林离岸金融业务与国内金融业务相分离，监管当局对非居民交易给予税收优惠，但非居民交易必须与国内账户严格分离。巴林经济自由度比较高，在贸易政策、税收、政府对经济的干预程度、货币政策、资本流入流出、对外投资、银行金融等方面的自由度均较高。

（二）组织架构

巴林政府负责管理伊斯兰银行和发行普通伊斯兰债券（苏库克），并承担培训巴林银行和金融机构等组织的职责，下设伊斯兰金融机构会计和审计组织（AAOIFI）。巴林的中央银行——巴林货币局（BMA）对金融业实行统一严格的管理。巴林金融交易所（BFX）于 2010 年开业，由 BFH 管理，它是中东和北非地区的首个多资产（Multi - Asset）交易所，在此可以交易苏库克、衍生品和结构性产品以及传统固定收益证券。

## 二、迪拜国际金融中心

2004 年 9 月，阿联酋政府决定在迪拜设立迪拜国际金融中心，并将金融服务业作为仅次于旅游业的重点开发产业。迪拜国际金融中心旨在填补东方股市收盘和西方股市开盘之间的股市空缺，连接伦敦、纽约、

1 参见中国驻巴林大使馆经济商务参赞处《对外投资合作国别（地区）指南 巴林（2015 年版）》。

东京、中国香港的证券交易所，成为国际 24 小时资本市场上的一个环节。

（一）商业环境

迪拜国际金融中心是不受国家政策管辖限制的离岸金融市场，无外汇管制，仅使用美元交易，拥有 50 年的收入利润零税率优惠和宽松的监管环境，收入和利润汇出不受限制，允许 100% 的外资所有权。另外，迪拜国际金融中心在阿联酋地区成立的机构可以广泛享受《避免双重征税协定》，有助于企业优化税收对其全球业务的影响。现在，迪拜国际金融中心已有 800 多家公司入驻，包括 18 家全球顶级银行、8 家全球最大的资产管理公司、世界十大保险公司中的 6 家以及十大律师事务所中的 6 家。

（二）组织架构

迪拜国际金融中心是一个根据阿联酋联邦法律和迪拜酋长国法律设立的联邦金融自由区，由迪拜副酋长担任主席，主持迪拜国际金融中心高级董事会（Higher Board）的工作。该董事会负责监管迪拜国际金融中心下设的三个监管机构的运转，确保这三个机构和谐一致地运行。迪拜国际金融中心总裁由金融中心高级董事会主席任命，任期 4 年。

迪拜国际金融中心下设三个监管机构：迪拜国际金融中心管理局、迪拜金融服务管理局、迪拜国际金融中心司法管理局（DIFC 法院）。迪拜国际金融中心管理局负责制定迪拜国际金融中心的政策，监管迪拜国际金融中心的战略开发、经营管理、营销以及行政管理，并负责迪拜金融服务局监管之外的非金融服务活动法律法规的执行。迪拜金融服务局是一个独立的风险管理机构，负责颁发经营许可证并管理迪拜国际金融中心内部或来自该中心的各类金融服务公司的活动。迪拜金融服务局采用国际公认标准为模型的原则性基本法规，并制定了一整套适合该中心的监管制度。迪拜国际金融中心法院实行独立的普通法系司法体制，负责中心内部所有民事和商业纠纷的司法和执法。

（三）立法体系

迪拜国际金融中心拥有自己的民事和商业法律法规，并制定了一套金融服务法律。作为其自治权的组成部分，迪拜国际金融中心创建了独立的司法体系，法律体系以普通法原则为基础，效仿英格兰及威尔士法律的模式，以英语为官方语言。迪拜国际金融中心法院对金融中心内的所有民事和商业纠纷及与中心内注册机构和公司有关的纠纷具有专属管辖权。迪拜国际金融中心伦敦国际仲裁院（DIFC LCIA）仲裁中心旨在通过仲裁和调解的方式促进国际商业纠纷的有效解决，并专门制定了满足该中心需要的仲裁和调解规则。

## 三、卡塔尔金融中心

2005 年，卡塔尔金融中心在卡塔尔首都多哈建立，卡塔尔金融中心为在岸商业和金融中心，卡塔尔的战略目标是将卡塔尔金融中心打造成为资产管理、专属保险和再保险三个核心市场的全球业务中心。卡塔尔金融中心的主要定位为地方性和地区性市场，主要为当地及周边区域提供商业平台和法律平台，为企业在当地的发展创造机会，并致力于加强以能源为基础的经济体之间、全球金融市场之间的联系。在 2015 年的中东财经峰会（Middle East Capital Summit and Awards）上，卡塔尔金融中心荣获海合会国家年度金融中心的称号。

### （一）商业环境

卡塔尔金融中心是拥有优惠税率和宽松监管条件的在岸市场，卡塔尔金融中心对资产管理、专属保险和再保险企业采取零税率政策，对企业在当地赚得的利润仅征收 10% 的税率。卡塔尔金融中心允许外资 100% 独资经营，且并无币种限制，外资公司的收益可 100% 转移到境外。与巴林金融港和迪拜国际金融中心相同，《避免双重征税协定》也在卡塔尔适用。优惠的金融政策为多哈创造了世界一流的商业环境，在 2014－2015 年世界商业友好国家的排名中，卡塔尔名列第 16 位。在法律制度方面，卡塔尔金融中心施行基于英国普通法的法律体系，而卡塔尔其他地区则实行阿拉伯的法律。

### （二）组织架构

卡塔尔金融中心包含卡塔尔金融中心管理局、卡塔尔金融中心监管局和一个仲裁机构。卡塔尔金融中心管理局主要负责管理卡塔尔的金融服务部门，为在卡塔尔金融中心设立的企业发放营业执照，负责拓展卡塔尔的金融服务业，进行资产管理、专属保险和再保险的发展，并建立地区性和全球性金融社区之间的联系。卡塔尔金融中心监管局是一个独立的监管机构，负责监管向卡塔尔输入或从卡塔尔输出金融服务的各项商业活动，其有权审批、监督和处罚受监管的企业和个人。仲裁机构分为民商法庭和监管法庭两部分。

### 四、阿卜杜勒国王金融区

2006 年，阿卜杜勒国王金融区（KAFD）在沙特阿拉伯首都利雅得建立，该金融中心占地 160 万平方米，可提供 300 余万平方米的使用空间，并容纳 12000 位居民。阿卜杜勒国王金融区是专为金融业打造的区域，旨在提升沙特阿拉伯整体金融环境。沙特阿拉伯政府希望借阿卜杜勒国王金融区的建立，将利雅得打造为中东最大的金融中心，从而巩固其世界石油资本国的地位并成为中东金融资本大国。

阿卜杜勒国王金融区是海合会国家最大的金融市场。阿卜杜勒国王金融区聚集了众多金融机构，包括金融业监管机构——资本市场管理局、沙特阿拉伯货币局、沙特阿拉伯资本市场管理局、沙特阿拉伯证券交易所(Tadawul)、桑巴银行、Alinma 银行、Al - Rajhi 银行、德意志银行和摩根士丹利、高盛等公司，以及公共投资基金（PIF）等。阿卜杜勒国王金融区拥有强大的资本基础和长期的发展愿景，它的建立为在此设立的机构创造了新的商机。然而，阿卜杜勒国王金融区对设立的企业并没有免税优惠。

## 第二节 海合会国家金融中心对比

世界经济论坛（WEF）《2015 - 2016 年全球竞争力报告》显示（见表 7.1），在 140 个国家的全球竞争力排名中，卡塔尔名列第 14 位，阿联酋、沙特阿拉伯、巴林分列第 17 位、第 25 位、第 39 位。2008 - 2016

年，卡塔尔在四个国家中的全球竞争力排名始终处于领先水平；阿联酋和沙特阿拉伯的排名在第10～30位波动，阿联酋近5年基本保持积极的发展趋势，而沙特阿拉伯的排名则从2011年的第17位落至2016年的第25位；巴林的排名位于第35～45位，在四个国家的全球竞争力中排名靠后。

**表7.1　海合会国家全球竞争力排名（2008－2016年）**

| 时期 | 巴林 | 阿联酋 | 卡塔尔 | 沙特阿拉伯 |
|---|---|---|---|---|
| 2008－2009年 | 37 | 31 | 26 | 27 |
| 2009－2010年 | 38 | 23 | 22 | 28 |
| 2010－2011年 | 37 | 25 | 17 | 21 |
| 2011－2012年 | 37 | 27 | 14 | 17 |
| 2012－2013年 | 35 | 24 | 11 | 18 |
| 2013－2014年 | 43 | 19 | 13 | 20 |
| 2014－2015年 | 44 | 12 | 16 | 24 |
| 2015－2016年 | 39 | 17 | 14 | 25 |

资料来源：世界经济论坛《全球竞争力报告》（2008－2016年）。

在评估全球竞争力的各项参考指标中（见表7.2），“金融市场发展”是衡量一个国家全球竞争力的重要指标之一，主要从效率和信用信心两方面进行评估，评估指标包含八个方面：金融服务可用性、金融服务可负担性、资本市场融资难易程度、获得银行贷款难易程度、风险投资的可获得性、银行稳健性、金融市场监管和法律指数。

从上述四个国家的金融市场发展综合排名来看，卡塔尔的金融市场排名基本处于领先水平，并且呈现平稳上升的特征，尤其从2012年开始，连续四年排名第一位。传统金融中心巴林和中东石油大国沙特阿拉伯的金融市场发展从2011年起下落了近30名。阿联酋近年来都保持着强劲的发展势头。

**表 7.2　海合会国家金融市场发展排名（2010 – 2016 年）**

| 时期 | 巴林 | 阿联酋 | 卡塔尔 | 沙特阿拉伯 |
|---|---|---|---|---|
| 2010 – 2011 年 | 20 | 33 | 19 | 22 |
| 2011 – 2012 年 | 14 | 33 | 19 | 16 |
| 2012 – 2013 年 | 18 | 25 | 14 | 22 |
| 2013 – 2014 年 | 25 | 24 | 13 | 27 |
| 2014 – 2015 年 | 31 | 17 | 13 | 30 |
| 2015 – 2016 年 | 33 | 20 | 13 | 41 |

资料来源：世界经济论坛《全球竞争力报告》（2010 – 2016 年）。

**表 7.3　海合会国家“金融市场发展”评估指标分项排名（2016 年）**

| 指标 | 巴林 | 阿联酋 | 卡塔尔 | 沙特阿拉伯 |
|---|---|---|---|---|
| 金融服务可用性 | 15 | 22 | 13 | 47 |
| 金融服务可负担性 | 15 | 20 | 6 | 29 |
| 资本市场融资难易程度 | 51 | 21 | 4 | 25 |
| 获得银行贷款难易程度 | 8 | 3 | 1 | 27 |
| 风险投资的可获得性 | 23 | 7 | 1 | 27 |
| 银行稳健性 | 29 | 21 | 10 | 18 |
| 金融市场监管 | 13 | 16 | 7 | 30 |
| 法律指数 | 129 | 106 | 129 | 106 |

资料来源：世界经济论坛《全球竞争力报告》（2016 年）。

卡塔尔金融中心的主要优势为卡塔尔稳定的宏观经济环境（排名第 2 位），这得益于其公共预算盈余和较低的政府债务。从“金融市场发展”各项指标来看，除衡量债权债务人受法律保护程度的指标排名较低外，卡塔尔在其他七个方面均处于世界领先水平。突出表现在企业在无担保的情况下，通过银行信贷进行融资较容易（获得银行贷款难易程度排名第 1 位），另外，新设立的企业通过股票市场融资也较容易（风险投资的可获得性排名第 1 位）。

沙特阿拉伯最具优势的也是其宏观环境。沙特阿拉伯的市场规模是四个海合会国家里面最大的（排名第 17 位）。

## 第三节　海合会国家金融中心前景

巴林金融港（BFH）是传统的金融中心，也是地区银行和国际银行的中心，众多国际性的银行在此聚集，为阿拉伯国家提供项目融资。巴林开展伊斯兰银行业务较早，在经营和监管方面都具有丰富的经验，伊斯兰银行业、资产管理、基金、保险业都是其优势行业。随着迪拜国际金融中心和卡塔尔金融中心的建立，巴林传统金融中心的地位被削弱。沙特阿拉伯和科威特加入世界贸易组织（WTO）后，许多外国银行和保险公司获准在沙特阿拉伯和科威特经营，造成其与巴林商业往来也日渐减少。

迪拜金融中心在世界范围内更具知名度，与其他金融中心联系也更加紧密，巴林金融港、卡塔尔金融中心和阿卜杜勒国王金融区则偏向于地方性金融中心。阿卜杜勒国王金融区在金融服务的专业性和多样性方面均落后于其他三个金融中心。近几年，迪拜金融中心成为海湾和中东地区最具外商直接投资吸引力的金融中心之一。阿联酋稳定的政治经济形势、优越的地理位置、优质的宏观环境、健全的基础设施都为其快速发展提供了坚实的基础。另外，阿联酋的经济比其他海合会国家更加多元化。为减少对石油的依赖，实现可持续增长，阿联酋一直致力于实施经济多元化政策，着力推动石化冶金、加工制造、新能源、金融、旅游等产业的发展，非石油产业在经济增长中的比重不断提高。对贸易和投资的高度开放确保其金融市场的良好竞争以及较强的创新能力，宽松的监管环境也为在本国设立的机构创造了优质的商业环境。近年来，迪拜更加强调自己是全球交通枢纽，利用地缘优势，打造国际金融中心及商业中心。迪拜良好的基础设施和透明的普通法系司法体制为国际和地区公司进入该市场提供了一个坚实的平台。尽管受到欧债危机、全球经济下行和地缘政治动荡的影响，迪拜金融中心作为国际金融中心和商业中心的地位仍然在不断加强。

卡塔尔金融中心、巴林金融港更侧重于满足国内市场的融资需求，设立的目的是在飞速发展的国内市场中有一个立足点，而不是实现地区性的扩张。迪拜金融中心和卡塔尔金融中心更强调财富管理、中介咨询及保险和共同基金等金融服务，迪拜金融中心在伊斯兰政权融资方面也发挥着重要的作用，卡塔尔金融中心希望吸引国际金融服务机构及主要跨国企业进驻本国，特别是从事再保险、专属保险及资产管理的企业。

一个繁荣的金融市场可以促进经济增长，吸引高技术的劳动力，从而实现经济多元化发展。更重要的是，一个具有竞争力的金融市场能够借助活跃的股票市场、多元的融资方式、完善的金融基础设施促进其他方面的经济发展。从长远看，发展金融中心将实现长期的巨大收益。